Norbert Messing

Im Garten
der Düfte

ABC der heilsamen Aromen

Ätherische Öle - Essenzen

Ihre Wirkungen und Anwendung

Edition Blickpunkt im

VERLAG

GANZHEITLICHE GESUNDHEIT

1. Auflage 1994
© Copyright Verlag Ganzheitliche Gesundheit, Norbert Messing,
Postfach 1217, 76663 Bad Schönborn, Telefon 07253/3718,
Fax 33955
Druck: Brühlsche Universitätsdruckerei, Gießen
ISBN 3-927124-20-6

Inhaltsverzeichnis

Einleitung

Die Wertschätzung von Düften und Essenzen ist keine Modeerscheinung, sie zieht sich durch alle Epochen hindurch, spiegelt ein ursprüngliches »sinnliches« Bedürfnis des Menschen wider. Immer auch waren solche Duft-Erlebnisse und -Eindrücke verschwistert mit Heil-Impulsen: jenen für die Seele, den Geist, das Gemüt; und jenen für den Körper.

Denn das Urgeheimnis gesundheitlichen Wohlbefindens ist begründet in der Harmonie der körperlichen Abläufe. Ein ganzes, unüberschaubar vielgestaltiges Orchester muß dazu seine Einsätze geben, meist -für sich- zarte und feinste Töne beitragen (wie etwa die lebenswichtigen Vitamine), die insgesamt jedoch zur tragenden, beglückenden Melodie vitalen Wohlbefindens anschwellen.

Eine kleinen -aber schwer entbehrlichen- Part spielen dabei auch die wunderlichen und wunderbaren ätherischen Pflanzenbotschaften.

Die Begegnungen im »Garten der Düfte« sind etwas Persönliches, eine Art Dialog des Menschen mit der Natur en miniature -im kleinen also-, dieser bunte, aromatische Kräutergarten gibt aber auch einen reizvollen Rahmen ab, eine Atmosphäre für den Dialog der Menschen mit- und untereinander.

Man kann darüber lächeln, wenn inzwischen »aromatisierte Literatur« verkauft wird. Weihnachtsgeschichten duften in diesem Falle beispielsweise nach Zimt. Es kann einen empören, wenn Überlegungen angestellt werden, verkehrsreiche Plätze (z.B. Londons Piccadilly) mit Parfüm zu besprengen, um den Aufenthalt dort trotz Smog erträglich zu machen. Letzteres ist natürlich eine recht fragwürdige Kosmetik oder Täuschung und keine Bereicherung für unser Erleben.

Was jedoch auch dieses Beispiel zeigt, ist folgendes: die Macht nämlich, welche die Düfte zu entfalten vermögen. Sie sind ein Stück Utopia, ein Aufscheinen des verlorenen Paradieses, ein schönes Land der Freundlichkeit und der Freude, sie erinnern im trüben Herbst und an kalten Winterabenden an den Frühling, das Erwachen von neuen vitalen Gefühlen, sie schärfen die Sensibilität und die Empfänglichkeit für die Wahrnehmung äußerer Phänomene und innerer Seelenbewegungen.

Wir sehen: Es handelt sich bei der »Welt der Düfte« um eine kaum zu überschätzende »Nebensache«, eine der schönsten, die sich dem Menschen durch die Pforten seiner sinnlichen Wahrnehmung erschließen!

Unser Leben wird heute oft als inhaltsleer, gefühlsverarmt bezeichnet.

Der moderne Lebensstil, eine künstliche Umwelt macht man für die Empfindung dieses Mangels verantwortlich.

Was unterscheidet nun aber konkret den Alltag des Zeitgenossen von dem seiner Ahnen?

Mit einigem Recht kann man behaupten, daß das Defizit an unmittelbar-natürlich-kreatürlicher Naturerfahrung dafür verantwortlich ist:

Wer hat ihn noch in der Nase - den Duft frischgeschnittenen Grases beispielsweise?

Oder jenen ganz eigenartig berührenden Geruch, wenn die ersten Tropfen eines warmen Gewitterregens auf die noch heiße Erde fallen?

Oder die aromatisch-moosartige Feuchtigkeit, die in der Frühe vom Waldboden aufsteigt?

Es sind nicht nur ursprüngliche Farben und Klänge, die wir entbehren. Es sind vor allem die bestrickenden Düfte der lebensvollen Natur, die unseren Hunger nach Welterfahrung am intensivsten zu stillen vermögen, und die das moderne Leben am gründlichsten aus

6

dem Bereich unmittelbarer Lebenserfahrung vertrieben hat. Die Duftöle repräsentieren und vermitteln in diesem Sinne ein Stück ursprünglicher Menschheitserfahrung, einen Teil unserer kollektiven Überlieferung. Sie sind nicht nur ein Konsumartikel, sondern ein Erlebnis mit einigem Tiefgang.

Balsamische Düfte und ihre Geschichte

Die Geschichte der Düfte beginnt mit den Pflanzen und ihrem Erscheinen auf dem Erdenrund.

Aber auch die besondere Beziehung des Menschen zu diesem sinnlichen Phänomen hat Wurzeln, die weit zurückreichen.

Zuerst waren es wohl Sumerer und Ägypter, später dann Griechen und Römer, die sich darauf verstanden, den Pflanzen ihr Blut, ihre Säfte abzuzapfen (Auspressen von Früchten und Blattwerk; Entnahme von Harz).

Die Araber führten diese Tradition fort und begründeten quasi die chemische Pharmakologie, als sie die Dampfdestillation entwickelten. Schwaden heißen Wasserdampfes quollen dabei über die aufgehäuften Schätze mediterraner Gewürz-Gärten und rissen die »Seele der Pflanze« mit sich fort. »Wohlgerüche Arabiens« ließen sich auf diese Weise in die Flasche oder ins Tongefäß bannen, angefangen beim Rosmarin -geschätzt als Heilkraut-, über Zimt, Nelken, Thymian, Weihrauch, Zeder (um nur einige Beispiele zu nennen).

Die Domäne der Düfte war von Anfang an jedoch nicht nur das darin vermutete und tatsächlich auch verborgene Heilvermögen.

Seele sprach gewissermaßen zu Seele, der Mensch erlag dem Charme der gewinnenden, pflanzlich-aromatischen Ausstrahlung und wurde geradezu süchtig nach diesen Botschaften. Als eines der wichtigsten Zentren des neuen Kultes um die Düfte sollte sich, wie wir noch sehen werden, der Süden Frankreichs profilieren. Rose und Lavendel erklommen dabei auf der Leiter der Wertschätzung die höchsten Sprossen, und ein guter Tropfen der daraus bereiteten »Essenzen« kostete ein Vermögen.

Dies gilt, etwas verbraucherfreundlicher, bis zum heutigen Tag. Und bis heute halten sich auch die Erwartungen hinsichtlich des (therapeutischen) Nutzens und des (sinnlichen) Vergnügens etwa die Waage, wobei von richtiggehender »Aromatherapie« seit 1928 die Rede ist, als der Chemiker Renee Maurice Gattefosse (Grasse) sein gleichnamiges Buch veröffentlichte.

Im Garten der Düfte

Die Natur bedarf nicht der Ordnung durch die menschliche Hand. Sie hat ganz allein für sich Anmut und Würde.

Wo jedoch Mensch und Natur harmonieren und im Gleichklang zusammenwirken, entsteht Kunst und Kultur, ein »Mehrwert« an ästhetischem Genuß. So waren denn auch die Gärtner wohl die ersten Visionäre und kreativen Gestalter. Auch wenn ihre Schöpfungen vergänglich waren und der Lauf der Jahre und Jahreszeiten sie immer aufs neue auslöschte, so wurden doch einige davon berühmt und sind bis heute unvergessen.

Eines der »Sieben Weltwunder« des Altertums waren die »Hängenden Gärten der Semiramis« in Babylon, die noch auf Nebukadnezar II. (ca. 605-562 v.Chr.) zurückgingen. Auf ihren kunstvoll angelegten und künstlich bewässerten Terrassen wuchsen, grünten und blühten beispielsweise Thymian, Wacholder, Myrrhe, Senf, Koriander, Knoblauch, Zwiebeln, Fenchel.

Inseln der Düfte

Réunion

Das französische Überseedepartment war einst eine Inselidylle und ist östlich von Madagaskar und südlich von Mauritius gelegen. Seit erstmals ein Mensch seinen Fuß auf die Insel setzte (1513), machte sie eine wechselhafte Geschichte durch, vorwiegend als Zankapfel imperialer Streitigkeiten. Schon bald jedoch wurde sie unter dem Namen »île Bourbon« zu einem bekannten Handelsplatz für begehrte Gräser und Aromen. Noch heute ist Réunion die »erste Adresse« beispielsweise für Geraniumöl.

Inseln der Düfte

Sri Lanka

Mehr als 20 Jahre ist es nun her, daß sich Ceylon eine neue Verfassung gab und sich in Sri Lanka umbenannte (1972). Das Renommee der gegenüber der Südspitze Indiens gelegenen Gewürzinsel, mit ihren Düften (Zimt) und reichem Wohlgeschmack (Pfeffer), bleibt jedoch untrennbar verbunden mit dem alten Namen. Ceylon - dies war einstmals ein Paradiesgarten mit reicher Fauna, subtropischen Hölzern und seltenen Medizinalpflanzen. Der Mensch mit seinen ethnischen, religiösen, politischen Rivalitäten hat es zum Notstandsgebiet gemacht, das nicht wegen seiner Naturschätze sondern wegen blutiger Bürgerkriege die Schlagzeilen beherrscht.

Das Weltwunder ging zugrunde, der Garten des Nebukadnezar verdorrte - die Düfte blieben, und ihr Zauber überstand politische Wirrnisse, Besatzungen, Kreuzzüge. Auf den Spuren von Rittern und Händlern eroberten die Kräutergärten schließlich auch das europäische Festland. Ihr Zentrum wurde hier ein Landstrich, wie geschaffen für Träume, Mythen, Legenden, ein modernes Naturdenkmal, wo Kunst und zurückhaltende menschliche Gestaltungskraft Hand in Hand gehen: die Gegend um Grasse, Montepellier oder Narbonne - die **Provence**.

Es handelt sich um eine Landschaft mit ganz eigentümlicher und einzigartiger Prägung. Licht und Farben der Region lockten insbesondere Maler an -beispielsweise Cézanne oder van Gogh- und ließen bedeutende Kunstwerke entstehen.

Noch früher waren es die Düfte der Provence, die (wohltätigen) Sirenen gleich einen geheimnisumwitterten Menschenschlag in ihren

Bann zwangen und geradezu »heranzüchteten«: kräuterkundige Frauen und Männer und jene Weisen, die erkannten, daß es Gerüche sind, die das »riesige Gebäude der Erinnerung« (Marcel Proust) und der menschlichen Sehnsucht tragen (»Erinnerungszeichen« nannte sie Jean-Jacques Rousseau), daß Düfte »direkt ins Herz« zielen und dort über »Zuneigung oder Verachtung, Liebe oder Haß« entscheiden (P. Süskind).

Die verführerischste unter den »becircenden« Schönheiten war gewiß der Lavendel, die »blaue Blume« der Meister der Wohlgerüche wie auch der Kräuterweiblein und all der zahlreichen nichtakademischen, wunderlichen Wund-Doktoren und Bader.

Wo der Lavendel wuchs -und er tat dies in der Provence so weit das Auge reichte- waren immer auch Apotheken und Parfümerien nahe.

Lavendel - ein Fest für die Sinne

Die Lavendelblüte betört seit alter Zeit Herz, Auge und Nase des Menschen. Ein »olifaktisches Ereignis« hat man dieses Schauspiel genannt, also eine »Orgie für die Nase« (Jean Pütz), welche noch als bloßes ätherisches Öl der Phantasie Flügel wachsen, heiße Sommertage und blühende Gärten vor dem geistigen Auge erstehen läßt.

Früher wuchs die Pflanze wild und üppig, und der Kräuterkundige begab sich zu ihr.

Heute wird sie in eigenen Pflanzungen kultiviert - was auch zur Folge hat, daß man inzwischen bei »Lavendel« genauer hinschauen sollte.

Denn neben dem »Echten« Lavendel (Lavendula angustifolia, L. officinalis, L. vera) oder dem »Großen« Lavendel (L. spica) dominiert heute vielerorts »Lavardin« das Feld, eine Kreuzung jüngeren Datums, stark duftend und von tiefblauer Farbe, mit deutlich höherem Kampfergehalt.

Das »klassische« Öl der Pflanze entstammt dem Echten Lavendel, und

11

diese Heilpflanze war es auch, die seit Jahrtausenden bei Verletzungen und Wunden vorwiegend volksmedizinisch genutzt wurde.

In der Duftöl-Praxis nimmt Lavendel wegen seiner universellen Verwendbarkeit eine Sonderstellung ein. Das Öl ist sehr vielseitig und läßt sich gut mit anderen Duftnoten mischen (z.B. mit Bergamotte, Geranium, Rosmarin, Majoran).

Überdies steht Lavendel für die -heute oftmals verlorengegangene- Einheit von Körper, Geist und Seele. Extremen Gefühlsschwankungen nimmt es die Spitze und gleicht aus. Hektische Gemüter werden gelassener, äußerliche wachsen mehr nach innen, der Duft gibt naturhaft geprägte Bilder ein und stärkt die Phantasie. Lavendel und sein Aroma vermittelt auf diese Weise ein zeitloses seelisches Erlebnis, eine Art Reise zum kreatürlichen Urgrund unseres Wesens - und dies gehört zu den Wirkungen der Düfte: sie sind so etwas wie ein fliegender Teppich, der uns mit auf die Reise nimmt durch das Weltreich menschlicher Vorstellungskraft!

Narde - erdverbundener Sproß des Hochlandes

Eine Kostbarkeit unter den Duftölen ist die Narde (Oleum jatamansi) nicht nur deshalb, weil sie in einem der »spirituellen Zentren« dieser Erde, der Hochgebirgsregion des Himalaja zuhause ist. Sie übt überdies wegen einer ganzen Reihe von Besonderheiten einen Reiz aus, dem man sich -einmal damit in Berührung gekommen- nicht mehr entziehen kann.

Die ganze Pflanze bleibt der Erde auf eigentümliche Weise verbunden, mehr mit ihr verwachsen als dies sonst der Fall ist: ihre Blüte sprießt fast unmittelbar aus dem Wurzelstock, und der Duft -moorartig-herb- ist wie ein sinnliches Fenster zum Erlebnis des lebenstragenden und lebensspendenden Untergrunds.

Auch wer die Pflanze bislang nicht zu kennen vermeinte: begegnet war er ihr mit einiger Sicherheit schon vorher. Denn im Johannes-Evangelium ist davon die Rede, daß Maria Magdalena Jesus mit »kostbarem Narden-Öl« salbt (Joh. 12, 1-3).

Überhaupt spielen im Neuen Testament bestimmte Duftpflanzen eine wichtige, symbolträchtige Rolle. So steht z.B., wie Exegeten herausgefunden haben, die Myrrhe für Tod und Auferstehung des Erlösers.

Es verwundert nicht, daß im altindischen Ayur-Veda, der Wissenschaft vom langen Leben, die Narde als Heilpflanze geschätzt wurde und heute wieder im Zusammenhang mit der Wiederentdeckung dieses »ältesten Naturheilsystems der Welt« vermehrt Beachtung findet.

Melisse - teuer und oft kopiert

Die Melisse als Heilkraut bzw. »Phytotherapeutikum« ist relativ gut untersucht. Es mag aufschlußreich sein, sich diesem Kraut einmal näher zuzuwenden.

Das »wirksame Agens« dieses alten Volksheilmittels sind ohne Zweifel die enthaltenen ätherischen Öle. Doch ging die Natur bei der Zuteilung derselben in diesem Falle recht geizig vor: nur etwa 0,1% beträgt der entsprechende Gehalt, ein Umstand, der die Gewinnung äußerst aufwendig macht und das Endprodukt sehr verteuert.

Einzelne Bestandteile des Öles sind u.a. Citral oder Citronella (verantwortlich für das ausgeprägt zitronenartige Aroma) sowie Geranol. Letzteres duftet leicht rosenartig und ist auch in Geranien-, Rosen-, Lavendel- oder Jasminöl enthalten.

Dies hört sich ganz übersichtlich an. Tatsächlich ist es jedoch so, daß allein das Öl aus den Blättern der Pflanze aus etwa 72 Einzelkomponenten besteht, wie jüngst eine Untersuchung (Institut für Pharmazeutische Biologie der Universität Würzburg) ergab. Von diesen Stoffen wurden 51 in Würzburg identifiziert, ein Teil davon kann als »Entdeckung« gebucht werden.

Hauptwirkungen dieser ätherisch-flüchtigen Beigaben: sie beruhigen aufgeregte Gemüter, wirken krampflösend, und ihre Anwendung ist besonders »bei nervösen Magenleiden angebracht, oder auch dann, wenn eine besondere nervöse Erregbarkeit mitspielt« - so Prof. Dr. R.F. Weiss.

Die Melisse kann jedoch auch als Exempel in ganz anderem Sinne gelten. Denn wir haben es bereits angesprochen: ätherische Öle aus der Melissenpflanze sind wertvoll wie Gold (dies kann man wörtlich nehmen), und doch wird der Verbraucher entsprechende Zubereitungen (etwa in Badeölen, wie sie Apotheken oder Drogerien führen) zu günstigen Preisen angeboten bekommen.

Wie das? In aller Regel löst sich dieser Widerspruch dadurch auf, daß in dem entsprechenden kosmetischen »Melisse-Produkt« gar kein Melissenöl enthalten ist. Die aufgeführten Bezeichnungen, wie beispielsweise »Melissa indica«, sind Phantasieschöpfungen, und die verwendeten ätherischen Öle stammen aus dem weit preiswerteren Gras Cymbopogon winterianus. Echte Melisse-Erzeugnisse sind ausschließlich solche, die aus der »Melissa officinalis« bereitet werden.

Tea-Tree - aus dem Kräuterschatz der Oborigines

Für uns Europäer handelt es sich hier um eine wirkliche und bereichernde Entdeckung. So neu, daß bei den Angeboten aufgepaßt werden muß: Melaleuca alternifolia soll es sein, nicht zu verwechseln mit Cajeput (M. leucadendron). Bekannt ist der Baum bereits seit Captain Cooks Weltumsegelungen aus dem 18. Jahrhundert. Damals erhielt er auch seinen Namen, da die Besatzung seine grünen Blätter als Tee-Ersatz verwendete. Mit am Teetisch saßen seinerzeit übrigens zwei bedeutende, heute fast vergessene deutsche Gelehrte und Aufklärer: Johann Forster und sein -später noch berühmterer- Sohn Georg.

Das Wissen um diesen Duft, seine Bedeutung und seinen Wert entstammt jedoch im Grunde einer ganz alten, geradezu urtümlichen Kultur - jener der Ureinwohner, der Oborigines des australischen Kontinents.

Noch bis Ende der 80er Jahre wurden die Blätter »wild« gesammelt und geerntet. Neuerdings baut man den tropischen, feuchtigkeitsliebenden Baum in größeren Plantagen an, wobei sich gezeigt hat, daß die Pflanze relativ anspruchslos ist, was den Nährstoffgehalt des Bodens angeht.

In Staunen versetzt den Fachmann die desinfizierende Kraft, die hinter dem Pflanzenöl steckt und sich gegen alle Arten von Kleinlebewesen richtet, seien es nun Bakterien, Pilze oder Viren. Zu verdanken haben wir diese Erkenntnis einem wissenschaftlichen Bediensteten des Bundesstaates Neusüdwales/Australien, der im Jahre 1925 die erstaunliche Entdeckung machte, daß Melaleuca alternifolia die Karbolsäure im Hinblick auf ihre desinfizierende Kraft um ein Vielfaches übertraf. Daran schlossen sich dann mit der Zeit geradezu enthusiastische Einschätzungen an: »Das Öl dringt in infiziertes Gewebe ein, scheidet es aus, läßt aber gesundes Gewebe unangegriffen«, wie einmal zusammengefaßt wurde. Möglicherweise stellt das ätherische Tea-Tree-Öl tatsächlich »der Welt vielseitigstes natürlich gewonnenes Antiseptikum« dar, als das es neuerdings von Aromatherapeuten gehandelt wird.

15

Ylang-Ylang - Duftbotschaft aus dem Reich der Naturrätsel

Düfte verzaubern und verwandeln, bringen besondere Eindrücke und Empfindungen in den Alltag. Warum berühren uns manche Aromen so angenehm, so tiefgründig? Warum erwecken sie so unterschiedliche Antworten in Psyche und Physis wie etwa Phantasien oder Abwehrkräfte?

Sie entstammen -dies ist eine Erläuterung, keine Erklärung- selbst einem Reich der Rätsel, wie man beispielsweise am Ylang-Ylang-Öl erahnen kann. Gewonnen wird es aus den Blüten des Cananga-Baumes, dessen Heimat ursprünglich Madagaskar ist, eine der »Gewürzinseln«. Diese Pflanze nun zeigt ein ganz eigentümliches, faszinierendes und bis heute nicht entschlüsseltes Verhalten: sie verändert in genau bemessenen Abständen und innerhalb von nur knapp zwei Minuten ihr Geschlecht, gewissermaßen wie jemand, der sich zum Abendessen umzieht. »Hermaphroditen« nennt man solche Zwiegeschlechtler. Den Tag begrüßt der Baum mit weiblichen Blüten; wenn jedoch die Dämmerung heraufzieht, pünktlich um 18 Uhr, wechselt er zur »männlichen Seite«.

Die Theorie der Düfte

Therapie mit Aromen?

Über den Stellenwert der Duftöle innerhalb einer ganzheitlichen

Heilkunde

Sie werden viele Bücher zum Thema Aromatherpie finden, in denen ganz klar und unmißverständlich von »Heilung« auch schwerwiegender Krankheitsbilder gesprochen wird.

Uns liegt es am Herzen, hier zu differenzieren.

Es ist bekannt, daß ätherische Öle beispielsweise krampflösend wirken, was bei Verdauungsbeschwerden, Leberstauungen u.ä. als erleichternd empfunden wird. Auch sind sie mitunter auswurffördernd (schleimlösend), und das Inhalieren geeigneter Dämpfe (Wasserdampf + ätherische Öle) kann dem »Grippegeplagten« das Los erleichtern. In dieser und ähnlicher Weise wird es noch zahlreiche mögliche Einwirkungen geben (gerade auch hinsichtlich der »antiseptischen« Wirkung, die sich gegen Bakterien und zum Teil auch gegen Pilze und Viren zu richten vermag) - eine ärztliche Therapie bei chronischen Erkrankungen oder akuten Infektionsleiden können die Duftöle jedoch keinesfalls ersetzen.

Andererseits: Als unsere persönliche Aufgabe bei der Gesundung und Gesunderhaltung ist es heute mehr denn je gefragt, möglichst gute »Rahmenbedingungen« zu schaffen. Dies ist unsere Pflicht und Schuldigkeit gegenüber dem Körper, von dem wir ja auch treue

Dienste verlangen.

Die Düfte und ihre positiven Einflüsse auf zahlreiche körperliche Abläufe gehören zum »Rüstzeug eigenverantwortlicher gesundheitsstützender Maßnahmen«, wie wir sie alle erbringen sollten und müssen, wollen wir nicht zum Spielball und Leidtragenden ständig neuer Beschwerden werden. Und nicht zuletzt: Die Düfte haben auch eine emotional-ästhetische Dimension. Sie verbessern das Lebensgefühl. In diesem Falle ist die Sorge um das Wohlbefinden auch ein sinnliches Vergnügen - Gesundheit also, die Spaß macht.

Das »Herkommen« der Duftöle

Den »Geist der Pflanzen« hat man die ätherischen Öle des öfteren genannt. Doch wo sitzt bei den Pflanzen der Geist, wo gar die Seele? Wenn ihre innerste Natur sich in den Düften enthüllt, so gibt es dafür keinen festen Ort, der Geist durchwirkt den ganzen Organismus. Denn die Essenzen werden aus allen nur erdenklichen Pflanzenteilen gewonnen. Einen Eindruck davon soll die nachfolgende Aufstellung vermitteln:

Blumen:
- Blüten (Jasmin, Rose)
- Blätter (Eukalyptus)

Kräuter:
- Samen (Anis)
- Wurzelstock (Ingwer)

Bäume und Büsche:
- Holz (Sandelholz)
- Früchte (Schale der Zitrusfrüchte)
- Harz/Gummi (Nadelhölzer, Weihrauch)
- Blätter (Rosmarinstrauch, Lebensbaum)

Gelegentlich werden auch Blatt und/oder Blüte von ein und derselben Pflanze verwendet, so etwa beim Lavendel.

Noch vielseitiger ist der Orangenbaum: Hier verwertet man Blüten (»Neroli«), Blätter (»Petit Grain«) sowie die Schale der Frucht und bereitet daraus drei verschiedene Öle mit unterschiedlichen Eigenschaften.

Begriffliche Klärungen: »Ätherische Öle«, »Essenzen«, »Aromen«

Ansonsten äußerst flüchtige Pflanzenessenzen, eingefangen in der sanften und schonenden Umarmung durch Fettsäuren des Gewächses - nichts anderes sind die »ätherischen Öle« oder »Duftöle«.

Darum haben wir es bei allem, was mit natürlichen Düften zusammenhängt, stets mit »ätherischen Ölen« zu tun: Kompositionen aus öligem Medium und darin eingebetteten Duftstoffen. Reine »Essenzen« wären nur die Duftstoffe pur; in dieser Form wären sie jedoch überaus flüchtig und praktisch kaum zu nutzen. Die Essenzen, erst einmal freigesetzt, verströmen sich »selbstlos« im Duft.

Deshalb ist es auch gerechtfertigt in einem Atemzug von Essenzen und ätherischen Ölen zu sprechen - denn praktisch lassen sie sich tatsächlich nicht trennen. So mag denn der Leser etwas Nachsicht üben hinsichtlich dieser kleinen begrifflichen Unschärfe.

Jedes Duftöl ist ein Gemisch aus vielen verschiedenen Essenzen. Denn das Eukalyptusöl beispielsweise gibt es nicht, sondern nur eine komplexe Mischung ätherischer, ölartiger Substanzen der betreffenden Pflanze, deren Auszüge zusammen ein charakteristisches Öl bilden (das seinerseits je nach Anbau, klimatischen Gegebenheiten deutliche Unterschiede aufweisen kann).

19

Die Bezeichnung »Aromen«, um einen weiteren Begriff zu nennen, ist sicherlich am wenigsten aufschlußreich. Wir »erriechen« zwar mit guter Trefferquote beispielsweise Lavendel oder Orangenblüten, ähnlich, wie man oft schon aufgrund weniger Takte ein Musikstück identifizieren kann.

Allerdings: ein bestimmtes Aroma will heute wenig heißen. Viele Geschmacksnoten können inzwischen künstlich »zusammengebaut« werden. Und diese Synthese-Produkte unterscheiden sich in ihrer Zusammensetzung, chemischen Struktur vom natürlichen Vorbild, das sie nachahmen. Solche Neuschöpfungen sind in vieler Hinsicht steril, und sie bleiben ein bloßes Dufterlebnis ohne jeden »Tiefgang«. Dies gilt auch für den Fall, daß mit Begriffen wie »naturidentisch« gearbeitet wird. Denn der typische Pflanzen-Duft-Charakter, der dabei imitiert wird, ist wesentlich komplexer, vielgestaltiger als die spezielle einzelne Komponente, die den Duft trägt. Parfüms z.B. enthalten in der Regel synthetische Nachbildungen etwa des Lavendels, nicht das Lavendelöl selbst. An diesem Unterschied wird der eigentliche, besondere Charakter der Duftöle erkennbar, eine innere Natur und Struktur, die sie über reine kosmetische Hilfsmittel hinaushebt.

Die Komponenten ätherischer Öle

Die Bezeichnung ätherische *Öle* ist rein formal und technisch. Anders als wir es sonst gewohnt sind, ist nämlich in diesem Falle die Substanz -wenn nicht durch besondere Verfahren stabilisiert- äußerst instabil und verdampft sehr schnell: wie schon der Name sagt, denn der Begriff leitet sich aus dem Griechischen ab und bedeutet »zart, vergeistigt, flüchtig.

Konkret setzen sich ätherische Öle aus einer Reihe komplexer Verbindungen zusammen (Hauptelemente sind dabei Kohlenstoff,

20

Wasserstoff, Sauerstoff, Stickstoff), und zwar vor allem:
* Säuren, * Ester, * Alkohol, * Aldehyde, * Phenole, * Azeton,
* Terpene, * Ketone.

Funktionen der ätherischen Öle im pflanzlichen Organismus

Produziert werden die pflanzlichen Essenzen in bestimmten Drüsenzellen der Gewächse, und sie können praktisch überall abgelagert werden, in Blättern, Blüten, Fruchtschalen, Holzfasern oder im Harz.
Ätherische Öle sind im Grunde »Botschaften«. Pflanzen duften, weil sie kommunizieren. Mit sich selbst (von Blatt zu Blüte, Wurzel zu Stengel usw.) und mit der umgebenden Natur. Die feinen Essenzen stellen so etwas wie pflanzliche Hormone dar, es handelt sich also um Substanzen, welche die biologischen Abläufe steuern. In dieser Funktion sind sie überlebensnotwendig für Wachstum und Fortpflanzung (Anlockung von Insekten, Abschreckung von Schädlingen, Abwehrstoffe gegen Krankheiten).

Hauptwirkungensweisen der Duftöle

* **entzündungshemmend**.

* **antiseptisch** (desinfizierend, antibakteriell, antiviral, Beschleunigung des Heilungsprozesses bei Wunden). Eine gewisse antiseptische Wirkung gehört geradezu zu den Hauptcharakteristika der ätherischen Öle. Es hat sich erwiesen, daß sie oft auf das Wachstum krankmachender Bakterien hemmend oder gar abtötend wirken. Dies gilt etwa für Salbei, Thymian, Eukalyptus, Sandelholz oder Lavendel. Beim ätherischen Öl aus Nelken wurde dies beispielsweise im Hinblick auf TBC-Erreger belegt, und zwar auch dann noch, wenn

man das Öl auf 1:6000 verdünnt hatte. Zimt wiederum wirkt gegen Typhus-Bazillen. Allerdings handelt es sich dabei um Laborbeobachtungen, die nicht ohne weiteres auf die Verhältnisse im biologischen System des menschlichen Körpers übertragbar sind. Ein gewisser -tendenzieller, äußerer- Schutz gegen gefährliche Krankheitserreger dürfte jedoch tatsächlich durch die Duftöl-Praxis zu erreichen sein.

* **durchblutungsfördernd**. Sowohl bestimmte enthaltene Wirkstoffe wie auch das Einmassieren selbst verbessert und verstärkt die örtliche Durchblutung der Haut und stimuliert darüber hinaus über die Blutbahn wie auch das Gehirn die Stoffwechselvorgänge.

* **schleimlösend**.

* **krampflösend**.

* **beruhigend**.

* **anregend (Kreislauf)**: Jeder kann sich davon leicht überzeugen, etwa durch ein Bad mit Rosmarin-Zusatz.

* **verdauungsfördernd**. Schleimhautreizende Stoffe provozieren hierbei z.b. eine vermehrte Produktion von Verdauungssäften, Enzymen.

Wie Düfte zu wirken vermögen

Man stellt sich beispielsweise vor, daß ätherische Öle den Immunkräften gewissermaßen Flügel verleihen. Wie könnte dies konkret geschehen? Die duftenden Substanzen sind, wie man weiß, so etwas wie Botenstoffe, sie überbringen Nachrichten und lösen durch ihren Informationsgehalt Reaktionen aus, regen Drüsen zur verstärkten Tätigkeit an, insbesondere die Hypophyse (Hirnanhangsdrüse). Dies geschieht -nach Robert Tisserand- beispielsweise durch bestimmte ätherische Öle in Ylang-Ylang. Sie veranlassen die Hypophyse dazu, schmerzlindernde Stoffe (sog. Endorphine) auszuschütten, was den Menschen sowohl in gute Stimmung versetzt wie auch sexuell stimuliert. Majoran hingegen, eher ein pflanzliches Sedativum, soll andere Gehirnregionen (Raphus Nucleus) dahingehend beeinflussen, daß Serotonin abgesondert wird und sich eine wohltuende Beruhigung einstellt. Im Falle des Rosmarins sieht es wieder ganz anders aus: Dieser entfaltet seine anregenden Effekte über den Locus Ceruleus und bewirkt, daß dort vermehrt Noradrenalin ausgeschieden wird.

Wohlgemerkt: alle diese Erklärungsmodelle, so wissenschaftlich sie auch klingen mögen, sind kein fachmedizinisch gesichertes Erkenntnisgut. Es handelt sich um Theorien und Hypothesen, Deutungsversuche. Dies gilt auch für die Auffassung, daß beispielsweise Thymian und Kamille die Produktion der Leukozyten (= weiße Blutkörperchen) zu beschleunigen und damit direkt das Abwehrvermögen zu stärken in der Lage sind.

Ein verwandtes Erklärungsmodell schließlich beruft sich auf Claude Bernard, der im 19. Jahrhundert als Arzt und Forscher viel Ansehen genoß. In gewisser Opposition zu seinem Landsmann Louis Pasteur, dem erfolgreichen »Mikrobenjäger«, hatte Bernard erklärt, der Krankheitserreger bedeute an und für sich nichts; entscheidend sei vielmehr das »Terrain«, das er im menschlichen Körper vorfinde. Mikroben können, davon war er überzeugt, nur in einem vorgeschädigten Umfeld (erlahmtes Immunsystem, Wirkstoffmangel u.ä.) ihr zerstörerisches Werk in Szene setzen.

Und eben auf diesem Sektor, so meinen die Aromatherapeuten, wirken die geheimnisvollen, in ätherischen Ölen konzentrierten Pflanzenbotschaften regulierend und milieuverbessernd als eine Art Gärtner und Landschaftspfleger in den Organ- und Zell-Regionen des Körpers.

Hilfe ohne Nebenwirkung?

Bei ätherischen Ölen gilt beides: man sollte sie mit Vorsicht genießen, aber auch keine übertriebene Angst vor möglichen schädigenden Begleiterscheinungen haben.

Eine *kleine* Mahnung ist angebracht: wie bei allen Dingen des gesundheitlichen Wohlergehens, so müssen auch die Duftöle **sachgerecht** angewendet werden. Man verwendet sie, wie wir noch sehen werden, praktisch nie »pur«, sondern eben als belebende »Essenz«, in Duftlampen z.B. oder als Zusatz zu Bädern und Kompressen. Und man vermeide es auch, ein und dasselbe Öl ununterbrochen über mehrere Wochen oder Monate hin einzunehmen, zu inhalieren bzw. aufzutragen. Doch wer wird schon so verfahren? Dies ist allein deshalb schon nicht sehr relevant, weil auch der bestrickendste Wohlgeruch durch ein Übermaß zur penetranten Belästigung gerät. Düfte werden Tag für Tag auf vielfältige Weise millionenfach auf der ganzen Welt angewandt, ohne irgendwelche Schäden anzurichten.

Ätherische Öle sind keine Arzneien im eigentlichen Sinne, und dies ist kein Manko. Sie entwickeln Wirkungen, die unspezifisch eingreifen, umstimmen, koordinieren, »gute Stimmung« im Körper machen. Diese allgemeinen Beeinflussungen sind auch die Erklärung dafür, daß mit problematischen Nebenwirkungen kaum gerechnet werden muß. Auf jeden Fall wirken sie reinigend, »antiseptisch« gegen Bakterien oder Viren, und dies -eine sachgerechte Anwendung immer vorausgesetzt- ohne die Gewebe in irgendeiner Weise zu schädigen.

Gefahren entstehen für den »Normalverbraucher« deshalb nicht durch die Öle selbst, sondern durch den falschen Umgang mit denselben. Man kann dies vielleicht mit einem Vergleich verdeutlichen: Wenn man sich genügend Speisesalz auf einmal einverleibt, kann dies tödlich enden. Niemand käme aber auf die Idee, deshalb den freien Verkauf dieser Speisewürze zu verbieten.

Fazit:

Im Rahmen des üblichen Gebrauchs, zur Vorbeugung und als Hilfsmittel zur Stimmungsaufhellung, Entspannung, zur Unterstützung therapeutischer Heilbehandlungen stellen die Duftöle eine wertvolle, nebenwirkungsarme bis nebenwirkungsfreie Alternative dar.

Die Duftöle und ihre Gewinnung

A. Wasserdampfdestillation

Dabei haben wir es mit dem üblichen, relativ schonenden Verfahren zu tun. Der heiße Wasserdampf löst aus den jeweiligen Pflanzenteilen (Blüten, Blätter, Samen, Harz) feine Tröpfchen, die das ätherische Öl enthalten. Das heiße Gemisch wird in ein gekühltes Rohr geleitet, wo der Dampf kondensiert und in einem Auffangbehälter gesammelt wird. Das gelöste pflanzliche Öl schwimmt dort auf dem Wasser und kann leicht getrennt und abgeschöpft werden.

Dies klingt recht einfach - ist in Wahrheit jedoch eine Kunst. Denn viele Komponenten wirken beim Gelingen des Vorganges zusammen: die Eigenart der jeweiligen Pflanze, die Dauer der Destillation, die gewählten Temperaturen usw.

B. Kaltpressung

Angewandt bei Zitrusfrüchten.

Hierzu werden die Schalen kleingeschnitten, mit etwas Wasser vermischt und ohne Wärmeeinwirkung ausgepreßt. Anschließend trennt man das Öl durch Zentrifugieren wieder vom Wasser.

C. Extraktion durch Lösungsmittel

Ätherische Öle können auch durch chemische Lösungsmittel aus dem Verband der Pflanze herausgezogen werden - ein relativ preiswertes Verfahren, das jedoch Risiken beinhaltet. Entsprechende Lösungsmittel sind z.B. Hexan (ein Stoff, der in vielen Haushaltsreinigern undeklariert enthalten ist), Petroläther, Tetrachlormethan. Diese Substanzen werden zwar anschließend herausdestilliert; Rückstände können jedoch im fertigen Produkt verbleiben.

Als Lösungsmittel findet auch Alkohol Verwendung, was für das Endprodukt schonender und weniger bedenklich ist.

Bei hochwertigen Duftölen ist im übrigen durch regelmäßige Untersuchungen (Gas-Chromatographie) gewährleistet, daß die Produkte nicht mit giftigen Lösungsmitteln -und übrigens auch nicht mit Pflanzen-»Schutz«-Mitteln- belastet sind.

Eine Sonderform der Extraktion stellt die sog. **Enfleurage** dar. Mit Hilfe dieser aufwendigen Methode gewinnt man sog. »absolute Öle« vor allem aus Rose oder Jasmin, im Handel als »Absolue« erhältlich.

Über Glasscheiben, die z.B. mit Schweineschmalz bestrichen sind, werden Blütenblätter ausgebreitet. Diese geben ihre Essenzen nach und nach an das Fett ab. Welk gewordenen Blätter werden ständig erneuert, und zwar so lange, bis eine Sättigung erreicht ist. Die Mischung wird dann von Pflanzenresten gesäubert und die so gewonnene »Pomade« einen Tag lang mit Alkohol vermischt, um die Essenz aus dem Fett herauszulösen. Ergebnis sind hochkonzentrierte (absolute) Öle von starker (aromatischer und therapeutischer) Wirkung. Das Verfahren ist heute nur mehr von geringer praktischer Bedeutung, vor allem wegen der hohen Kosten.

Ein Tip zum Selbermachen

Eine weitere Möglichkeit, die Aromen von Pflanzen zu nutzen, sind sog. **infundierte Öle**. Dabei legt man die entsprechenden Pflanzenteile in ein gutes Basisöl (mildes Speiseöl) ein und läßt das Ganze an einem warmen Ort -gegebenenfalls an der Sonne- mehrere Wochen lang stehen, wobei die Pflanzen zwei- bis dreimal erneuert werden sollen. Danach hat das Speiseöl die besondere Duftnote der gewählten

26

Pflanze angenommen. Natürlich haben wir es dann nur mit einer Art parfümiertem Öl zu tun, nicht mit originären Duftölen. Es läßt sich jedoch gut zur Massage u.ä. verwenden.

Die Praxis der Düfte

Duft-Öle in der Anwendung

Die Pforten der Sinne - Impulse des Wohlgeruches: Kleine Ursachen - große Wirkungen.:
Einatmen, Inhalation.
Eine Mischung aus mittelbaren Anstößen (Duftsignale ohne direkte stoffliche Beeinflussung) und einer teilweisen Verstoffwechselung (Resorption durch die Zellmembranen der Lungenbläschen).
Fühlen geht auch unter die Haut:
Massagen, Bäder, Umschläge, Kompressen.
Unsere Haut schließt den Körper nicht hermetisch gegenüber der Umwelt ab. Wie man heute weiß, dringen ätherische Öle zumindest teilweise durch die Haarfollikel ins Körperinnere vor (Diffussion), überwinden die Hautbarriere, gelangen in Blut und Lymphe sowie zum flüssigen Gewebe, das die Zellen umgibt, also auch zu den Organen.
Dies bildet den Hintergrund dafür, daß manche Aromatherapeuten neuerdings die äußere einer inneren Anwendung vorziehen.

27

Der innere Weg:
Einnahme in festgelegten Dosierungen.

Achtung: Ätherische Öle werden nie »pur« eingenommen, sollten sparsam bemessen zur Anwendung kommen und nicht unbedingt täglich über einen längeren Zeitraum zugeführt werden.

Die Resorptionsrate ist im allgemeinen als gut zu bezeichnen, was bedeutet, daß die Inhaltsstoffe während der Verdauung zu erheblichen Teilen aufgeschlossen und verwertet werden.

In welcher Aufbereitung können ätherische Öle nun konkret für unser Wohlbefinden genutzt werden?

Als Dufterlebnis:

Wir haben schon davon gesprochen: ätherische Öle -gute Qualität vorausgesetzt- sind hochwertige Rohstoffe, die für den Hausgebrauch weiterverarbeitet werden können. Wollen wir sie dabei für das sinnliche Dufterlebnis, für die Verbesserung der Raumluft nutzen, so geschieht dies unproblematisch dadurch, daß einige Tropfen des Öls in Wasser gegeben werden, welches man dann erhitzt (am besten in einer Duftlampe), sodaß die Flüssigkeit verdunstet und mit ihr sich die feinen ätherischen Öltröpfchen im Zimmer verteilen.

Zum Inhalieren:

In intensiverer Form gilt entsprechendes für Inhalationen von Wirkstoffen aus den Duftölen. Hierzu gibt man einige Tropfen des ätherischen Öls in ein Gefäß mit heißem Wasser, breitet ein Handtuch über Kopf und Gefäß und atmet für einige Minuten (meist genügt auch eine Minute) die heißen Dämpfe ein. Es gibt auch spezielle Inhalationsgeräte im Handel (Apotheke).

Als Massageöle, Pflegemittel:

Unerhört vielfältig sind jedoch vor allem die Möglichkeiten zur äußerlichen Anwendung (die, wie wir gesehen haben, durchaus auch

28

im Körper wirkt). Dazu vermischt man die Duftöle zuerst mit einer geeigneten und hochwertigen Trägersubstanz. Hochwertig heißt: ungehärtete, durch Kaltpressung gewonnene, absolut reine Öle. Solche Trägersubstanzen sind:

* Weizenkeimöl.

Hauptcharakteristika des aus den frischen Keimen kaltgepreßten Öls sind ein hoher Gehalt an Vitamin E und essentiellen Fettsäuren. Das Öl ist gut haltbar (Vitamin E wirkt als Antioxidans) und eignet sich deshalb dazu, Massageöle, selbstbereitete Pflegemittel auf natürliche Art zu konservieren. Weizenkeimöl wirkt ausgesprochen regenerierend auf die Haut, besonders in Form von Gesichtscremes.

* Jojobaöl.

»Indianisches Öl«, gepreßt aus den Samen des Jojobastrauchs, einer Wüstenpflanze, die in Mittelamerika und Australien wächst. Vorzug: es wird nicht ranzig und eignet sich als »neutrales Öl« für jeden Hauttyp.

* Mandel-/Haselnußöl.

Besonders das Mandelöl gilt als Favorit für Massagemittel u.ä. Es ist mild, schonend und entspannend und eignet sich auch bestens für Babyöle.

* Olivenöl.

Wegen des ausgeprägten Eigengeruchs taugt das Olivenöl weniger in solchen Fällen, wo das *Duft-Erlebnis* im Vordergrund steht. Es findet Verwendung bei eher therapeutischen Massagen u.ä.

Weitere empfehlenswerte und gebräuchliche Trägersubstanzen sind z.B. Borretschöl, Nachtkerzenöl (beide weisen einen hohen Gehalt an Gamma-Linolensäure auf), Ringelblumenöl, Erdnußöl, Sonnenblumen-öl, Traubenkernöl, Sojabohnenöl, Aprikosenkernöl oder auch -nicht zu vergessen- Bienenwachs.

Praxis-Rat »Massageöl«: Um ein Massageöl zu gewinnen, vermischt man das reine Duftöl (ca. 10-20 ml) mit kaltgepreßtem Pflanzenöl (100 ml; besonders geeignet hierfür sind Mandel-, Weizenkeim- oder Jojobaöl).

Praxis-Rat »Badezusatz«: beispielsweise 6 Tropfen Kamillen- oder Lavendelöl -maximal- zusammen mit einem »Emulagator« (z.b. etwas Honig) zu einem Vollbad geben.

Zum Einnehmen:

Die Einnahme von ätherischen Ölen -immer verdünnt!- kann in Form einer »Tinktur« erfolgen (obwohl dieser Begriff eigentlich für direkte alkoholische Auszüge aus frischen Kräutern reserviert ist). Dazu besorgt man sich 75%igen Alkohol aus der Apotheke und mischt diesem einige Tropfen Duftöl unter (ca. 10 Tropen auf 10 Milliliter Alkohol). Von dieser »Tinktur« nimmt man dann täglich einige wenige Tropfen ein.

Beliebte Praxis ist es auch, einige Tropfen ätherischen Öls in Honig einzurühren (der dann gegebenenfalls in Kräutertee gegeben wird) oder sie pur in Kräutertee aufzulösen, so z.b. etwas Eukalyptusöl bei Erkältungen in Kamillentee. Zu »süß« sollten solche Anwendungen jedoch wegen der damit verbundenen Kariesgefahr nicht geraten. Viele weitere Möglichkeiten stehen zur Verfügung (z.B. Mischung mit ungesüßtem Naturjoghurt oder Zugabe einiger Tropfen zu Frischkost-salaten).

Zur Frage der Dosierung:

Die Duftöle selbst sind sehr intensive Wirkstoffverbindungen. Man bezeichnet die darin enthaltenen eigentlichen wirkungstragenden Substanzen gerne als »feinstofflich«. Tatsächlich jedoch sind sie hochkonzentriert. Deshalb hier der ausdrückliche Hinweis:

30

Regel Nr. 1:
In der großen Mehrzahl der Fälle wird man die Duftöle vor der Anwendung immer verdünnen müssen.

Regel Nr. 2:
Besonders empfindlich reagieren die Schleimhäute und vor allem die Augen. Sie dürfen nicht in Kontakt mit den reinen Duftölen kommen.

Regel Nr. 3:
Reine Duftöle sind wie Arzneimittel zu behandeln: vor Kindern schützen!

Es soll nun jedoch durch diese Hinweise nicht etwa der falsche Eindruck entstehen, es handele sich bei den Duftölen um brisantes Gefahrengut. Wir haben keine »Gifte« im eigentlichen Sinne vor uns, aber immerhin hochkonzentrierte biochemische Gemische, die intensive Reaktionen hervorrufen können und in dieser Konzentration nur aufbewahrt, nicht verwendet werden sollen.

Haltbarkeit von Duftölen

Reibt man beispielsweise Blätter von Pfefferminze oder Zitronenmelisse zwischen den Fingern, so treten dabei ätherische Öle aus und verbreiten ihren angenehmen Geruch. Das Vergnügen ist jedoch nur kurzfristig: wird das empfindliche Öl Licht, Luft (Sauerstoff) und Wärme ausgesetzt, löst sich der Wohlgeruch schnellstens wieder auf.

Deutlich besser sieht dies bei den vorwiegend durch Dampfdestillation gewonnenen Duftölen aus, vorausgesetzt, sie werden gut verwahrt, also in gründlich verschlossenen, dunklen Glasflaschen (Flakons) aufbewahrt, trocken und eher kühl -jedenfalls ohne große Temperaturschwankungen- gelagert und nicht allzuhäufig geöffnet (daß sich

Duftöle an »ruhigen Orten« länger halten, gehört wohl eher in den Bereich der Legendenbildung). Auf diese Weise erhalten die Duftöle ihren Charakter und ihre Wirksamkeit ein Jahr lang und mehr.

Werden ätherische Öle allerdings weiterverarbeitet, z.B. zu Massage-ölen, Badezusätzen, so sollte man sie etwa innerhalb eines Vierteljahres aufbrauchen (Tip: Weizenkeimöl erhöht die Haltbarkeit).

ABC der heilsamen Aromen

Kleines Glossar von Fachbegriffen:

adstringierend = zusammenziehend. Ein Effekt, der beispielsweise bei Hämorrhoiden willkommen ist.

aphrodisisch = erotisierend. Mehreren Duftölen sagt man nach, daß sie -vergleichbar dem alten »Liebeszauber«- das Liebesverlangen zu steigern vermögen. Dies geschieht möglicherweise durch psychische Einflüsse oder Stimulierung von Körperdrüsen.

sedativ = beruhigend.

tonisierend = kräftigend, vor allem während der Rekonvaleszenz nach Erkrankungen; revitalisierend.

Angelika (Angelica archangelica)

Gewonnen aus den Wurzeln und Samen der Pflanze (1% ätherischer Ölgehalt) durch Wasserdampfdestillation. Wächst in Mittel-, Osteuropa und stammt aus der Familie der Doldenblütler.

Aroma: pfefferartig-würzig.

Hauptwirkungen: antiseptisch, schleimlösend, krampflösend.

Begleitende Effekte: blähungswidrig, verdauungsfördernd, entwässernd.

Zugeordnete Organe: Haut, Immunsystem, Nervensystem, Gefäße, Atemwege.

Psyche: wärmend, stabilisierend.

Besonderheiten/Tips: Vorsicht bei intensiven Sonnenbädern: Angelikaöl erhöht die Hautsensibilität.

Anis (Pimpinella anisum)

Gewonnen aus dem Samen der Pflanze (3% ätherischer Ölgehalt) durch Wasserdampfdestillation. Wächst in Mittel-, Südeuropa, Nordafrika und stammt aus der Familie der Doldenblütler.

Aroma: kraftvoll-süß.

Hauptwirkungen: sanft anregend, krampf- und schleimlösend.

Begleitende Effekte: verdauungsfördernd, blähungswidrig, harntreibend.

Zugeordnete Organe: Atemwege (Bronchien), Magen-Darm-Kanal, Körperdrüsen.

Besonderheiten/Tips: Als mildes Vorbeugungsmittel während der Wintermonate und im Frühjahr regelmäßig einige Tropfen Anis in die Duftlampe geben.

Vor einer inneren Anwendung wird mitunter gewarnt (Verlangsamung der Blutzirkulation, betäubende Wirkung) - ein Vorbehalt, der fachlich nicht zu belegen ist.

Basilikum (Ocimum basilicum)

Gewonnen aus dem Kraut der Pflanze (0,8% ätherischer Ölgehalt) durch Wasserdampfdestillation. Wächst in Mitteleuropa, im Mittelmeerraum und stammt aus der Familie der Lippenblütler.

Aroma: würzig-süß, frisch, krautig, gewürznelkenähnlich.

Hauptwirkungen: krampflösend, anregend, entzündungshemmend.

Begleitende Effekte: darmreinigend, Unterstützung der Wundheilung.

Zugeordnete Organe: Lunge (Bronchien), Haut und Haare, Nervensystem, Gehirn, Kopfbereich, Menstruation.

Besonderheiten/Tips: Empfohlen besonders bei Kopfschmerz und Migräne. Sparsam verwenden, da Basilikum in höheren Konzentrationen die Schleimhäute reizt.

Benzoe (Styrax tonkinensis, S. benzoin)

Gewonnen aus dem Harz des Baumes (5% ätherischer Ölgehalt) durch Alkoholextraktion und nachfolgende Destillation. Wächst in Thailand, auf Sumatra und Java und stammt aus der Familie der Styraxgewächse.

Aroma: balsamisch-süß, vanilleartig.

Hauptwirkungen: antiseptisch, schleimlösend, entwässernd.
Begleitende Effekte: anregend, wundheilend.
Zugeordnete Organe: Atemwege, Nieren-Blase, Haut, Bewegungsapparat.
Psyche: besänftigend, steigert Selbstbewußtsein.
Besonderheiten/Tips: Wird seit alters her in Parfüms verwendet.

Bergamotte (Citrus bergamia)

Gewonnen aus der Schale der Frucht -einer Art »Miniorange«- (0,5% ätherischer Ölgehalt) durch Kaltpressung. Wächst in Südeuropa, Asien und stammt aus der Familie der Rautengewächse.
Aroma: fruchtig, zironenartig, lebhaft-frisch.
Hauptwirkungen: antiseptisch, antiviral, krampflösend.
Begleitende Effekte: stimmungsaufhellend, blähungswidrig.
Zugeordnete Organe: Harnwege, Haut, Verdauung, Rachen (Mandeln).
Psyche: antidepressiv, angstlösend.
Besonderheiten/Tips: Bergamotte kann gut mit anderen Aromen gemischt werden. Beliebt sind beispielsweise Kombinationen mit Lavendel und Geranium. Auch in der Aromaküche findet es Verwendung, als Würze für Feingebäck, wobei nur ganz geringe Mengen genügen.
Achtung: Bergamotte wirkt »phototoxisch« und macht die Haut ausgesprochen lichtempfindlich und kann zu Pigmentstörungen führen, wofür die enthaltenen sog. Furocumarine verantwortlich sind. Nicht anwenden, wenn Sie sich danach längere Zeit der Sonne aussetzen!

Bohnenkraut (Satureja hortensis)

Gewonnen aus dem Kraut der Pflanze (1% ätherischer Ölgehalt) durch Wasserdampfdestillation. Wächst in Mittel-, Südeuropa und stammt aus der Familie der Lippenblütler.
Aroma: frisch-krautig.
Hauptwirkungen: krampflösend, antiseptisch, schleimlösend.
Begleitende Effekte: anregend, verdauungsfördernd, wundheilend.
Zugeordnete Organe: Magen-Darm, Drüsen, Immunsystem.
Psyche: aktivierend, belebend.
Besonderheiten/Tips: vorzügliche Würze für die Aromen-Küche. Verbessert die

Verträglichkeit schwerer Speisen.

Cajeput (Melaleuca leucandendron)

Gewonnen aus den Blättern und Knospen des Baumes (1% ätherischer Ölgehalt) durch Wasserdampfdestillation. Wächst auf Malaysia, den Philippinen, in Indien, Australien und stammt aus der Familie der Myrtengewächse.

Aroma: frisch-krautig, kampfer- oder eukalyptusartig, durchdringend.
Hauptwirkungen: antiseptisch, krampflösend, schleimlösend.
Begleitende Effekte: anregend, schmerzlindernd vor allem bei Erkältungen.
Zugeordnete Organe: Harnwege, Verdauung, Mund und Rachen.
Psyche: beruhigend, ausgleichend (obwohl körperliche merklich aktivierend).
Besonderheiten/Tips: Gut geeignet zur Verwendung in der Duftlampe.

Canaga (Canaga odorata)

Gewonnen aus den Blüten des Baumes (1,5% ätherischer Ölgehalt) durch Wasserdampfdestillation. Wächst vor allem auf den Philippinen, Indonesien, den Komoren und stammt aus der Familie der Magnoliengewächse.

Aroma: blumig, sinnlich-süß.
Hauptwirkungen: beruhigend.
Zugeordnete Organe: Kreislauf, Haut.

Citronella (Cymbopogon nardus, Adropogon nardus)

Gewonnen aus den Blättern der Pflanze (1% ätherischer Ölgehalt) durch Wasserdampfdestillation. Wächst u.a. in China, Südamerika und stammt aus der Familie der Süßgräser.

Aroma: herb-frisch, blumig.
Hauptwirkungen: anregend, antiseptisch.
Begleitende Effekte: blutreinigend.
Zugeordnete Organe: Mund, Rachen, Kopfbereich (Stirnhöhle).
Psyche: stimmungsaufhellend, ermunternd.
Besonderheiten/Tips: vorzüglich geeignet zur Verbesserung verbrauchter Raumluft.

Eignet sich dazu, Insekten fernzuhalten.
Dient vor allem als preiswertere Alternative zum sehr teuren Melissenöl.

Dill (Anethum graveolens)

Gewonnen aus Samen und Kraut der Pflanze (4% ätherischer Ölgehalt) durch Wasserdampfdestillation. Wächst in Mitteleuropa und Amerika und stammt aus der Familie der Doldenblütler.
Aroma: süß-würzig.
Hauptwirkungen: krampflösend, antiseptisch.
Begleitende Effekte: verdauungsfördernd, schleimlösend.
Zugeordnete Organe: Magen-Darm.
Psyche: beruhigend; Lösung gestauter seelischer Energien.
Besonderheiten/Tips: Für Kinder gut geeignet, z.b. in der Duftlampe oder als Massageöl bei Blähungen.

Estragon (Artemisia dracunculus)

Gewonnen aus dem Kraut der Pflanze (0,5% ätherischer Ölgehalt) durch Wasserdampfdestillation. Wächst in Europa, Nordasien, Indien und stammt aus der Familie der Korbblütler.
Aroma: kräftig-würzig, anisartig.
Hauptwirkungen: antiseptisch, krampflösend.
Begleitende Effekte: verdauungsfördernd, appetitanregend, durchblutungsfördernd, blähungswidrig.
Zugeordnete Organe: Magen-Darm, Haut.
Besonderheiten/Tips: Verwendung in der »Aroma-Küche«.

Eukalyptus (Eucalyptus globulus, E. fructicetorum, E. mithii)

Gewonnen aus den Blättern oder Zweigspitzen des »Gummibaumes« (2% ätherischer Ölgehalt) durch Wasserdampfdestillation. Wächst in Südeuropa, Afrika, Amerika, Australien und stammt aus der Familie der Myrtengewächse.

Aroma: frisch, stark-würzig, durchdringend.

Hauptwirkungen: antiseptisch (wahrscheinlich auch gegen Viren), schleimlösend, krampflösend.

Begleitende Effekte: schmerzlindernd, wundheilend, fiebersenkend, entwässernd, durchblutungsfördernd.

Zugeordnete Organe: Atemwege (Bronchien), Rachen, Mandeln, Harnwege, Bauchspeicheldrüse.

Psyche: innere Sammlung; wirkt »seelischer Antriebslosigkeit« entgegen.

Besonderheiten/Tips: Hausmittel (Dampfinhalationen) bei Erkältungen und Schnupfen.

Nicht verwendet werden sollte das Öl bei Kleinkindern, vor allem im Falle von Asthma und Keuchhusten (Gefahr von spastischen Lähmungen im Atembereich).

Fenchel (Foeniculum vulgare)

Gewonnen aus dem Samen der Pflanze (5% ätherischer Ölgehalt) durch Wasserdampfdestillation. Wächst in Europa, Afrika, im Fernen Osten und stammt aus der Familie der Doldenblütler.

Aroma: süß, anisähnlich.

Hauptwirkungen: entwässernd, verdauungsfördernd, antiseptisch, entzündungshemmend.

Begleitende Effekte: krampflösend, schleimlösend, leicht abführend, blähungswidrig, entgiftend.

Zugeordnete Organe: Magen-Darm, Atemwege, Nieren-Blase, Haut, Augen.

Psyche: glättet Aufgeregtheit, ausgleichend bei Streß.

Besonderheiten/Tips: In der Duftlampe gut geeignet für Kinder, nicht jedoch zur inneren Anwendung bei Kindern unter 6 Jahren.

Verwendung in der »Aroma-Küche«, beispielsweise für Gebäck.

Fichte (Picea abies, P. alba)

Gewonnen aus den Nadeln und frischen Zweigen des Baumes (0,2% ätherischer Ölgehalt) durch Wasserdampfdestillation. Universell verbreitet auf der nördlichen Erdhalbkugel.

Aroma: frisch-würzig.

Hauptwirkungen: antiseptisch, schleimlösend.

Begleitende Effekte: durchblutungsfördernd.

Zugeordnete Organe: Atemwege, Stirnhöhle, Stoffwechsel, Nieren-Blase.

Psyche: stabilisierend.

Besonderheiten/Tips: Bewährtes Hausmittel (Rheumabäder, Erkältungsbäder), und gut geeignet Luftverbesserung.

Nicht verwendet werden sollte das Öl bei Asthma und Keuchhusten (Gefahr von spastischen Lähmungen im Atembereich).

Erhältlich ist auch sog. sibirisches Fichtennadelöl; dieses entstammt der Unterart Abies sibirica.

Geranium (Pelargonia odorantissimum, P. graveolens, P. capitatum)

Gewonnen vorwiegend aus den Blättern der Pflanze (0,2% ätherischer Ölgehalt) durch Wasserdampfdestillation. Wächst in Mittel-, Südeuropa, Réunion, Afrika und stammt aus der Familie der Storchschnabelgewächse.

Aroma: fruchtig-süß, vergleichbar Rose oder Bergamotte.

Hauptwirkungen: antiseptisch, adstringierend, blutstillend.

Begleitende Effekte: schmerzlindernd, wundheilend, entwässernd.

Zugeordnete Organe: Haut, Leber, Verdauung, Mund, Rachen, Drüsen, Lymphe, Harnwege.

Psyche: antidepressiv, leicht aktivierend.

Besonderheiten/Tips: Läßt sich gut mischen, beispielsweise mit Lavendel oder Bergamotte.

Wirkt ausgleichend bei Beschwerden im Zusammenhang mit Menstruation und Klimakterium.

Sehr geeignet zur Insekten-Abwehr.

Geraniumöl gilt als absolut ungiftig und kann kaum allergische Reaktionen hervorrufen.

Honig

Das Duftöl wird gewonnen aus mit Honig gefüllten Bienenwaben (2% ätherischer Ölgehalt), durch Alkoholauszug.
Aroma: warm-süß.
Begleitende Effekte: wärmend, wundheilend, antiallergisch.
Zugeordnete Organe: Nervensystem, Haut.
Psyche: beruhigend.
Besonderheiten/Tips: Verwendung in der »Aroma-Küche« (Backwaren), Duftlampe, in Badezusätzen.

Immortelle (Helichrysum angustif.)

Gewonnen aus Kraut und Blüten der Pflanze (ca. 1,5% ätherischer Ölgehalt) durch Alkoholextraktion oder Wasserdampfdestillation. Wächst in Mittel-, Südosteuropa und stammt aus der Familie der Korbblütler.
Aroma: würzig-rosenartig.
Hauptwirkungen: entschlackend, krampflösend.
Begleitende Effekte: verdauungsfördernd, schleimlösend, entzündungshemmend.
Zugeordnete Organe: Lymphe, Magen-Darm, Leber, Bauchspeicheldrüse, Atemwege, Haut.
Besonderheiten/Tips: Vorzüglich geeignet als Körperöl. Empfohlen für Spezialmassagen (Lymphdrainage).

Ingwer (Zingiber officinalis)

Gewonnen aus der Wurzel der Gewürzpflanze (2% ätherischer Ölgehalt) durch Wasserdampfdestillation. Wächst vorwiegend in Südamerika, Indien, China, auf Sri Lanka.
Aroma: stark aromatisch.
Hauptwirkungen: antiseptisch, krampflösend.
Begleitende Effekte: verdauungsfördernd, blähungswidrig, schmerzlindernd.
Zugeordnete Organe: Mund, Rachen, Magen-Darm, Kopfbereich.

Psyche: Lösung von Blockaden.
Besonderheiten/Tips: Ingwer läßt sich gut mit Zitrusölen mischen, vor allem mit Orangenöl.
Hausmittel: Massagen bei Rheumaschmerzen (wenige Tropfen Ingwer vermischt in Mandelöl).

Jasmin (Jasminum officinalis, J. grandiflorum)

Gewonnen aus den Blüten der Kletterpflanze (0,1% ätherischer Ölgehalt) durch Extraktion (Hexan oder Alkohol). Wächst im Mittelmeerraum, Fernen Osten und stammt aus der Familie der Oleandergewächse.
Aroma: honigartig-blumig, betörend, warm, intensiv.
Hauptwirkung: antiseptisch.
Begleitende Effekte: krampflösend, aphrodisisch, schmerzlindernd.
Zugeordnete Organe: Haut, Atemwege.
Psyche: antidepressiv, entspannend, leicht euphorisierend, angstlösend.
Besonderheiten/Tips: Gilt als »Frauenkraut« (Menstruationsbeschwerden) und als »Duft der Jugend« - wertvoll auch was den Preis angeht.

Kamille, echte (Matricaria chamomilla)

Gewonnen aus den Blüten der Pflanze (0,5% ätherischer Ölgehalt) durch Wasserdampfdestillation. Wächst in Mitteleuropa, Nordafrika, Südamerika, Indien und stammt aus der Familie der Korbblütler.
Aroma: süß-krautig.
Hauptwirkungen: antiseptisch, entzündungshemmend, krampflösend.
Begleitende Effekte: schweißtreibend, wundheilend, stoffwechselbelebend, schmerzlindernd, entwässernd.
Zugeordnete Organe: Magen-Darm, Leber-Galle, Atemwege, Haut, Menstruation, Kopfbereich, Nerven.
Psyche: »emotional tief beruhigende Wirkung«, ausgleichend, antidepressiv.

Besonderheiten/Tips: Eines der »nützlichsten ätherischen Öle in der Aromatherapie«, wertvolles Hausmittel bei Erkältungen (Gurgelmittel), Allergien und nervösen Magenbeschwerden.
Besonders geeignet für Kinder.
Aus Kamillenöl läßt sich leicht ein gutes Mund- und Gurgelwasser bereiten.

Kamille, römische (Anthemis nobilis)

Gewonnen aus den Blüten der Pflanze (1% ätherischer Ölgehalt) durch Wasserdampfdestillation. Wächst in Mittel-, Süd- und Südosteuropa und stammt aus der Familie der Korbblütler.
Aroma: süß-krautig.
Hauptwirkungen: antiseptisch, krampflösend.
Begleitende Effekte: schmerzlindernd, wundheilend.
Zugeordnete Organe: Mund, Rachen.

Kampfer (Camphora officinarum)

Gewonnen aus Holz und Blättern des Baumes (3% ätherischer Ölgehalt) durch Wasserdampfdestillation. Wächst in China, auf Sri Lanka, in Mittelamerika, Ostafrika und stammt aus der Familie der Lorbeergewächse.
Aroma: eukalyptusartig, »medizinisch«.
Hauptwirkungen: antiseptisch, krampflösend, entwässernd.
Begleitende Effekte: schweißtreibend, durchblutungsfördernd, kreislaufanregend, schmerzlindernd.
Zugeordnete Organe: Atemwege, Magen-Darm, Herz und Kreislauf, Haut.
Psyche: antidepressiv.
Besonderheiten/Tips: Nicht bei Kindern anwenden!

Karottensamen (Daucus carota)

Gewonnen aus dem Samen der Pflanze (1,5% ätherischer Ölgehalt) durch Wasserdampfdestillation. Wächst weit verbreitet in Europa, Asien, Amerika und stammt aus der Familie der Doldenblütler.
Aroma: erdig-warm.
Hauptwirkung: krampflösend.

Begleitende Effekte: wurmtreibend, blutbildend.
Zugeordnete Organe: Haut, Leber-Galle, Lymphe, Darm.
Besonderheiten/Tips: Vorzüglich geeignet zur Hautpflege (vitalisierend, verjüngend). In Sonnencremes fördert es die Bräunung.

Kiefer (Pinus sylvestris, P. mugo, P. nigra, P. pinaster)

Gewonnen aus den Nadeln vor allem der Schottischen oder Norwegischen Kiefer (0,2% ätherischer Ölgehalt) durch Wasserdampfdestillation. Wächst in Mittel-, Nordeuropa, Amerika, nördliches Asien.
Aroma: frisch-würzig, waldig.
Hauptwirkungen: antiseptisch, schleimlösend.
Begleitende Effekte: stimulierend, durchblutungsfördernd.
Zugeordnete Organe: Atemwege (Bronchien), Nieren-Blase, Haut, Kreislauf.
Besonderheiten/Tips: Besonders geeignet zur Dampfinhalation bzw. für Duftlampen während der Wintermonate.
Ansonsten in den Wirkungen dem Fichtennadelöl eng verwandt.

Koriander (Coriandrum sativum)

Gewonnen aus dem Samen der Pflanze (1% ätherischer Ölgehalt) durch Wasserdampfdestillation. Wächst im Mittelmeerraum, Fernen Osten, in Osteuropa und stammt aus der Familie der Doldenblütler.
Aroma: würzig-warm, leicht süß.
Hauptwirkung: antiseptisch (auch gegen Pilze).
Begleitende Effekte: verdauungsfördernd, blähungswidrig, schmerzlindernd, wundheilend, aphrodisisch.
Zugeordnete Organe: Magen-Darm, Gefäße, Haut.
Psyche: spannungsauflösend, wärmend.

Lärche (Laris europa)

Gewonnen aus den Zweigen des Nadelbaumes (1% ätherischer Ölgehalt) durch Wasserdampfdestillation. Wächst u.a. in Europa.
Aroma: kräftig, balsamisch.
Hauptwirkung: antiseptisch.
Begleitende Effekte: entzündungshemmend, schleimlösend.
Zugeordnete Organe: Atemwege, Haut, Haare.
Besonderheiten/Tips: Gut zur Luftverbesserung (Duftlampe).

Latschenkiefer (Pinus montana)

Gewonnen aus den Nadeln und Zweigspitzen des Baumes (0,5% ätherischer Ölgehalt) durch Wasserdampfdestillation. Wächst in den Alpenregionen und in den Pyrenäen.
Aroma: waldig-frisch, balsamisch, grün.
Hauptwirkungen: antiseptisch, schleimlösend.
Begleitende Effekte: durchblutungssteigernd, schmerzlindernd.
Zugeordnete Organe: Atemwege (Bronchien), Immunsystem.
Besonderheiten/Tips: Nicht verwendet werden sollte das Öl bei Asthma und Keuchhusten (Gefahr von spastischen Lähmungen im Atembereich).

Lavendel (Lavendula officinalis, L. augustifolia, L. vera)

Gewonnen aus dem Kraut der Pflanze (1% ätherischer Ölgehalt) durch Wasserdampfdestillation. Wächst vorwiegend in Mittel- und Südeuropa und stammt aus der Familie der Lippenblütler.
Aroma: frisch-kräuterartig.
Hauptwirkungen: antiseptisch, krampflösend, schleimlösend.
Begleitende Effekte: entwässernd, schweißtreibend, verdauungsfördernd, entgiftend, schmerzlindernd, wundheilend.
Zugeordnete Organe: Atemwege, Verdauungsorgane, Leber, Kopfbereich, Haut.
Psyche: vermindert Nervosität und regt doch auch an: verhilft zu seelischer Balance.
Besonderheiten/Tips: Vor allem ein Dufterlebnis und Bestandteil zahlreicher

Parfüms.
Lavendel eignet sich bestens zur Eigenproduktion von Massageölen, Cremes, Lotionen und anderer Körperpflegemittel.
Juckreiz und Insektenstiche beispielsweise lassen sich mit einer Lavendel-Tinktur (einige Tropfen in 90%igem Alkohol) erfolgreich lindern.
Etwas Lavendelöl in der Duftlampe soll darüber hinaus auch wirksam Insekten fernhalten (als Lavendelsäckchen auch Motten).

Lemongras (Cymbopogon citratus oder C. flexuosus)

Gewonnen aus den Blättern (Gras) der Pflanze (3% ätherischer Ölgehalt) durch Wasserdampfdestillation. Wächst in China, Mittel-, Südamerika, Afrika und stammt aus der Familie der Süßgräser.
Aroma: erfrischend-zitronenartig, intensiv.
Hauptwirkungen: antiseptisch.
Begleitende Effekte: verdauungsfördernd, blutreinigend.
Zugeordnete Organe: Atemwege (Stirnhöhle), Lymphe, Niere-Blase, Darm.
Psyche: vermittelt eine »sonnige Perspektive«, aufhellend, schenkt Optimismus.
Besonderheiten/Tips: In der Zusammensetzung ist Lemongras dem Citronellöl verwandt.

Limette (Citrus aurantifolia Swingle)

Gewonnen aus der Schale des Citrus-Fruchtbaumes (1% ätherischer Ölgehalt) durch Kaltpressung. Wächst in Südeuropa, Ostasien, auf Tahiti und stammt aus der Familie der Rautengewächse.
Aroma: exotisch-spritziger Citrusduft.
Hauptwirkungen: antiseptisch.
Begleitende Effekte: blähungswidrig, verdauungsfördernd, entschlackend.
Zugeordnete Organe: Magen, Atemwege, Mund, Rachen, Haut.
Psyche: »aufmunternd und erfrischend«.
Besonderheiten/Tips: Gut geeignet zur Luftreinigung.

Majoran (Origanum majorana)

Gewonnen vorwiegend aus den blühenden Spitzen der Pflanze (1% ätherischer Ölgehalt) durch Wasserdampfdestillation. Wächst in Mittel-, Südeuropa, Ostasien, Nordafrika und stammt aus der Familie der Lippenblütler.

Aroma: würzig-pfeffrig, warm, krautig, durchdringend.

Hauptwirkungen: antiseptisch, krampflösend, gefäßerweiternd.

Begleitende Effekte: schmerzlindernd, abführend, appetitanregend, verdauungsfördernd, schweißtreibend.

Zugeordnete Organe: Atemwege (Bronchien), Magen-Darm, Leber-Galle, Kopfbereich, Menstruation.

Psyche: entspannend, »wärmend«.

Mandarine (Citrus madurensis, C. nobilis)

Gewonnen aus der Schale der Baumfrucht (2% ätherischer Ölgehalt) durch Kaltpressung. Wächst vor allem in Südeuropa, Südamerika und stammt aus der Familie der Rautengewächse.

Aroma: frisch-süß.

Hauptwirkungen: krampflösend.

Begleitende Effekte: blutreinigend.

Zugeordnete Organe: Magen-Darm, Leber-Galle, Nervensystem.

Psyche: stimmungsaufhellend.

Besonderheiten/Tips: Eignet sich besonders für Kinder, und gerne in der Aromaküche verwendet, z.B. als Gewürz für Frischkostsalate.

Schwangere können Mandarine in Massageölen vorbeugend gegen Schwangerschaftsstreifen verwenden.

Beim Kauf des Öls auf Qualität achten, um mögliche Pestizidrückstände zu vermeiden.

Melisse (Melissa officinalis)

Gewonnen aus dem Kraut der Pflanze (0,015% ätherischer Ölgehalt) durch Wasserdampfdestillation. Wächst in Mitteleuropa, Nordamerika, im vorderen Orient und stammt aus der Familie der Lippenblütler.

Aroma: kräftiger zitronenartiger Duft.

Hauptwirkungen: krampflösend, antiseptisch.

Begleitende Effekte: blähungswidrig, schweißtreibend, antiallergisch.

Zugeordnete Organe: Leber-Galle, Atemwege, Nervensystem, Kopfbereich, Herz, Haut.

Psyche: »Melisse macht das Herz heiter und fröhlich und stärkt die Lebensgeister« (nach einem Kräuterbuch des 17. Jahrhunderts).

Besonderheiten/Tips: Ähnlich zu verwenden wie Kamille, jedoch in geringeren Dosierungen.

Melissenöl ist sehr teuer, weil die Pflanze nur ganz geringe Mengen an ätherischen Ölen aufweist. Beim im Handel angebotenen »indischen Melissenöl« und ähnlichen Produkten handelt es sich vorwiegend um Citronellöl (siehe unter Citronella).

Minze (Mentha piperita)

Gewonnen aus den Blättern bzw. dem blühenden Kraut der Pflanze (1% ätherischer Ölgehalt) durch Wasserdampfdestillation. Wächst in Mitteleuropa, Afrika und stammt aus der Familie der Lippenblütler.

Aroma: kräftig-frisch.

Hauptwirkungen: antiseptisch, krampflösend, schleimlösend.

Begleitende Effekte: verdauungsfördernd, durchblutungsfördernd, schmerzlindernd.

Zugeordnete Organe: Atemwege, Magen-Darm, Leber-Galle, Schleimhäute, Zähne.

Psyche: unterstützt die Konzentrationsfähigkeit, Gedächtnisfunktionen.

Besonderheiten/Tips: Eignet sich zur Insektenabwehr (Duftlampe).

Nicht bei Kindern unter 6 Jahren!

»Spearmint« wird aus Mentha spicata, der Krausen Minze, gewonnen, läßt sich gut mit anderen Aromen mischen und empfiehlt sich zur Verwendung in der Duftlampe.

Moschuskörner (Hibiscus abelmoschus)

Gewonnen aus dem Samen der Pflanze (0,5% ätherischer Ölgehalt) durch Wasserdampfdestillation oder Alkoholextraktion. Wächst in Afrika, Südamerika, Indien, auf Java und stammt aus der Familie der Malvengewächse.
Aroma: schwer, »erotisch«.
Hauptwirkungen: antiseptisch, krampflösend.
Begleitende Effekte: verdauungsfördernd, tonisierend, abwehrstärkend, schweißhemmend.
Zugeordnete Organe: Atemwege, Rachen, Magen-Darm, Haut, Haare, Schleimhäute.
Besonderheiten/Tips: Gilt als »pflanzliche Alternative« zu den üblichen Moschus-Duftnoten tierischen oder chemischen Ursprungs.

Muskatnuß (Myristica fragrans)

Gewonnen aus den Fruchtkernen (10% ätherischer Ölgehalt) der Pflanze durch Wasserdampfdestillation. Wächst im Fernen Osten (Java), in Südamerika und stammt aus der Familie der Myrtengewächse.
Aroma: herb-würzig.
Hauptwirkung: antiseptisch.
Begleitende Effekte: appetitanregend, durchblutungsfördernd, blähungswidrig.
Zugeordnete Organe: Magen-Darm, Leber-Galle.
Psyche: seelisch ausgleichend.
Besonderheiten/Tips: Verwendung in der »Aroma-Küche«.

Muskatellersalbei (Salvia sclarea)

Gewonnen aus dem Kraut (Blütenstände) der Pflanze (0,1% ätherischer Ölgehalt) durch Wasserdampfdestillation. Wächst vor allem in Italien, Südfrankreich, Spanien und stammt aus der Familie der Lippenblütler.
Aroma: nußartig, warm, würzig.
Hauptwirkungen: antiseptisch, krampflösend.
Begleitende Effekte: verdauungsfördernd, abwehrstärkend, tonisierend, aphrodisisch.
Zugeordnete Organe: Atemwege (Bronchien), Mund, Rachen, Haut, Verdauungs-

organe.

Psyche: euphorisierend, wärmend.

Besonderheiten/Tips: Eines der »am stärksten entspannenden Mittel der Aromatherapie« (P. Davis).

Myrrhe (Commiphora abyssinica, C. myrrha)

Gewonnen aus dem Baumharz (8% ätherischer Ölgehalt) durch Extraktion mit Alkohol. Der Baum wächst im nord-ostafrikanischen Raum und stammt aus der Familie der Balsamgewächse.

Aroma: süß, balsamisch, mitunter streng.

Hauptwirkungen: antiseptisch, entzündungshemmend, pilztötend, schleimlösend.

Begleitende Effekte: wundheilend, adstringierend, blutreinigend.

Zugeordnete Organe: Verdauungsorgane, Leber, Mund, Rachen, Atemwege, Schleimhäute.

Besonderheiten/Tips: Bestens geeignet für die Duftlampe (luftreinigend, wärmend). Sehr dickflüssig. Muß vor gegebenenfalls mit einem Spatel aus dem Aufbewahrungsbehälter gestrichen werden.

Als Tinktur kann aus Myrrhe ein gutes Mundwasser bereitet werden.

Myrte (Myrtus communis)

Gewonnen aus den jungen Blättern der Pflanze (1% ätherischer Ölgehalt) durch Wasserdampfdestillation. Wächst im Mittelmeerraum, in Asien und stammt aus der Familie der Myrtengewächse.

Aroma: frisch-krautig.

Hauptwirkungen: antiseptisch, adstringierend.

Begleitende Effekte: schmerzlindernd, immunstärkend.

Zugeordnete Organe: Atemwege, Rachenraum, Ohren, Stirnhöhle, Harnwege, Haut.

Psyche: sedative Wirkung.

Besonderheiten/Tips: Der Duft erinnert an Eukalyptus, ist aber deutlich milder. Bereits vor 400 Jahren war die Myrte Bestandteil des sog. »Engelswassers«, das viel zur Hautpflege Verwendung fand.

Narde (Nardostachys jatamansi)

Gewonnen aus der Wurzel der Pflanze (1% ätherischer Ölgehalt) durch Wasser-dampfdestillation. Wächst im zentralasiatischen Hochland und stammt aus der Familie der Baldriangewächse.

Aroma: duftet nach Moor und Erde.
Hauptwirkungen: krampflösend.
Begleitende Effekte: verdauungsfördernd, ausgleichend.
Zugeordnete Organe: Haut, Magen-Darm, Nervensystem.
Psyche: beruhigend, harmonierend auf Sinnesorgane und Zentralnervensystem.
Besonderheiten/Tips: »Königin der Essenzen«, die vor allem über die Seele des Menschen wirkt.

Nelke (Eugenia caryophyllata)

Gewonnen aus den Blütenknospen der Gewürznelke (15% ätherischer Ölgehalt) durch Wasserdampfdestillation. Wächst in Indien, Sansibar und stammt aus der Familie der Myrtengewächse.

Aroma: kraftvoll.
Hauptwirkungen: antiseptisch, krampflösend, schleimlösend.
Begleitende Effekte: verdauungsfördernd, blähungswidrig, tonisierend, wundhei-lend, schmerzlindernd.
Zugeordnete Organe: Magen-Darm, Immunsystem, Mund, Rachen.
Besonderheiten/Tips: Das Öl aus dem Nelkenbaum enthält z.B. Salicylsäure-Methylester, eine medizinisch in der Rheumabehandlung genutzte Substanz. Etwas Nelkenöl zu Salben, Cremes konserviert die eigenen Kreationen wegen der starken keimtötenden Wirkung des Öls.

Neroli (Citrus bigaradia, C. vulgaris, C. aurantium)

(Siehe unter dem folgenden Stichwort.)

Orange (Citrus aurantium dulcis, C. aurantium amara)

Gewonnen aus der Fruchtschale des Orangenbaumes (2% ätherischer Ölgehalt) durch Kaltpressung. Wächst in Südeuropa, Amerika, Israel, Ostindien und stammt aus der Familie der Rautengewächse.

Aroma: stark fruchtig-frisch.
Hauptwirkungen: entwässernd, entschlackend.
Begleitende Effekte: verdauungsfördernd, tonisierend.
Zugeordnete Organe: Magen-Darm, Leber-Galle, Herz-Kreislauf, Lymphe, Atemwege, Nieren-Blase.
Psyche: antidepressiv, leicht sedativ, wärmend, stimmt heiter.
Besonderheiten/Tips: Orange ergibt ein gutes Massageöl im Falle von Cellulitis. Bei der Essenz »Neroli« handelt es sich um ein Duftöl, das aus den Blüten der Sevilla-Orange gewonnen wird. Hinsichtlich der Wirkungen gibt es keine Unterschiede.
Orangenöl eignet sich vorzüglich für die Aromaküche.

Oregano (Origanum vulgare)

Gewonnen aus dem Kraut der Pflanze (2% ätherischer Ölgehalt) durch Wasserdampfdestillation. Wächst vor allem im Mittelmeerraum und stammt aus der Familie der Lippenblütler.

Aroma: würzig, herb.
Hauptwirkungen: antiseptisch, krampflösend.
Begleitende Effekte: verdauungsfördernd, blähungswidrig, appetitanregend, schmerzlindernd, schleimlösend.
Zugeordnete Organe: Atemwege, Magen-Darm, Haut.
Besonderheiten/Tips: Verwendung in der »Aroma-Küche«.
Gut geeignet für Massageöle.

Palmerosa (Cymbopogon martini)

Gewonnen aus einer Grasart (2,5% ätherischer Ölgehalt) durch Wasserdampfdestillation. Wächst in Ostindien, auf Java, in Südamerika.
Aroma: rosenähnlich, süß-blumig.
Hauptwirkungen: krampflösend, antiseptisch.
Zugeordnete Organe: Haut, Nervensystem, Kreislauf, Kopfbereich.
Psyche: beruhigend, harmonisierend.
Besonderheiten/Tips: Vorzügliches Hausmittel zur Hautpflege (einige Tropfen Palmerosa mit Mandelöl vermischt).

Pampelmuse (Citrus maxima)

Gewonnen aus den Schalen der Frucht (1% ätherischer Ölgehalt) durch Kaltpressung. Wächst in Ostasien, Amerika und entstammt der Familie der Rautengewächse.
Aroma: frisch-fruchtig, leicht bitter.
Hauptwirkungen: adstringierend, entschlackend.
Begleitende Effekte: stoffwechselanregend.
Zugeordnete Organe: Leber-Galle, Magen, Haut.
Besonderheiten/Tips: Pampelmuse eignet sich als Massageöl bei Cellulitis.

Patchouli (Pogostemon patchouli)

Gewonnen aus den z.T. fermentierten und getrockneten Blättern der Pflanze (3% ätherischer Ölgehalt) durch Wasserdampfdestillation. Wächst in Ostasien, auf den Westindischen Inseln, Paraguay und stammt aus der Familie der Lippenblütler.
Aroma: rauchig-holzig, erdig-moosig.
Hauptwirkungen: antiseptisch (auch gegen Pilze), entwässernd, entzündungshemmend.
Begleitende Effekte: wundheilend, antiallergisch, fiebersenkend, tonisierend, aphrodisisch.
Zugeordnete Organe: Haut, Haare, Nervensystem.
Psyche: antidepressiv.
Besonderheiten/Tips: Vielseitig verwendbares Duftöl, wenn das sehr nachwirkende Aroma akzeptiert wird.
Der Duft soll Motten aus dem Kleiderschrank fernhalten.

Petitgrain (Citrus bigaradia)

Gewonnen aus den Blättern und Zweigspitzen (früher auch den grünen, unreifen Früchten) des Bitterorangenbaumes (1% ätherischer Ölgehalt) durch Wasserdampf-destillation. Wächst im Mittelmeerraum, Ostindien, Mittelamerika und stammt aus der Familie der Rautengewächse.

Aroma: süß-herb, frisch, blumig-belebend.
Hauptwirkungen: antiseptisch.
Begleitende Effekte: krampflösend.
Zugeordnete Organe: Haut, Haare, Magen, Nervensystem.
Psyche: stimmungsaufhellend, fördert die Kreativität.
Besonderheiten/Tips: Läßt sich gut mit anderen Duftölen mischen: Rosmarin, Bergamotte, Lavendel, Geranium (z.B. in Badezusätzen mit Rosmarin).

Pfeffer, schwarz (Piper nigrum)

Gewonnen aus dem Samen der Frucht (3% ätherischer Ölgehalt) durch Wasser-dampfdestillation. Wächst in Ostasien, Sri Lanka, in Südamerika.

Aroma: würzig.
Hauptwirkungen: antiseptisch, krampflösend, entwässernd.
Begleitende Effekte: verdauungsfördernd, blähungswidrig, durchblutungsfördernd, stimulierend, schmerzlindernd.
Zugeordnete Organe: Verdauungsorgane, Rachen, Nieren, Milz.
Psyche: durchwärmend.
Besonderheiten/Tips: Wertvoller Bestandteil von Massageölen gegen Muskel-schmerzen.
Abraten sollte man von einer zu häufigen innerlichen Anwendung entsprechender Duftöle, da nicht auszuschließen ist, daß dies zu Nierenschäden führen könnte.

Pfefferminze (Mentha piperta)

Gewonnen aus den Blättern der Pflanze (2% ätherische Öle) durch Wasserdampfde-stillation. Wächst überall in Europa, Nordamerika, Indien und stammt aus der Familie der Lippenblütler.

Aroma: erfrischend, krautig.
Hauptwirkungen: krampflösend, entzündungshemmend, kühlend.

Begleitende Effekte: adstringierend, blähungswidrig, schmerzlindernd, immunstärkend, schweißtreibend.

Zugeordnete Organe: Verdauungsorgane (Magen), Leber-Galle, Kopfbereich, Atemwege, Zähne, Haut.

Psyche: klärt die Gedanken.

Besonderheiten/Tips: Besonders hilfreich bei Kopfschmerz und Migräne (z.b. kalte Umschläge auf Stirn und Schläfen).

Vorsicht bei Kleinkindern: das Öl nicht auf Gesicht, Nase auftragen und keine Inhalationen durchführen.

Beim sog. japanischen Heilpflanzenöl handelt es sich um Pfefferminzöl mit besonders hohem Methanolgehalt.

Rose (Rosa damascena, R. centifolia, R. gallica)

Gewonnen vorwiegend aus den Blüten von Heckenrosen (0,02% ätherischer Ölgehalt) durch Wasserdampfdestillation oder durch Lösungsmittel. Wächst vor allem in Mitteleuropa, Indien, China.

Aroma: weich, blumig.

Hauptwirkungen: antiseptisch, krampflösend, blutreinigend.

Begleitende Effekte: adstringierend, wundheilend, aphrodisisch.

Zugeordnete Organe: Haut, Leber-Galle, Augen, Nervensystem, Gebärmutter, Kopfbereich, Atemwege.

Psyche: mildes Antidepressivum.

Besonderheiten/Tips: Die Rose ist die »Königin der Blumen« mit besonderen kosmetischen Eigenschaften. Man sagt ihr insbesondere positive Einflüsse auf das Liebesleben nach (Sexualität, Erotik).

Rosenwasser (gewonnen bei der Destillation) kann für Augenbäder oder als mildes Gesichtswasser verwendet werden.

Rosenholz (Aniba rosaeodora)

Gewonnen aus dem Holz eines Baumes (1% ätherischer Ölgehalt) durch Wasser-dampfdestillation. Wächst in Südamerika uns stammt aus der Familie der Lorbeergewächse.
Aroma: blumig-rosenartig, würzig-süß, sehr fein.
Hauptwirkungen: antiseptisch, schmerzlindernd.
Begleitende Effekte: wundheilend, tonisierend, nervenstärkend, blutdrucksenkend.
Zugeordnete Organe: Kopfbereich, Haut, Haare, Kreislauf.
Psyche: euphorisierend, stimmungshebend.
Besonderheiten/Tips: Gut geeignet zur Herstellung von Badezusätzen und zur Hautpflege.

Rosmarin (Rosmarinus officinalis)

Gewonnen aus den blühenden Spitzen des Strauchs (2% ätherischer Ölgehalt) durch Wasserdampfdestillation. Wächst im Mittelmeerraum, in Südamerika und stammt aus der Familie der Lippenblütler.
Aroma: frisch, anregend, kampferartig.
Hauptwirkungen: schweißtreibend, entwässernd, krampflösend.
Begleitende Effekte: verdauungsfördernd, stoffwechselanregend, durchblutungsför-dernd, schmerzlindernd.
Zugeordnete Organe: Drüsen, Herz, Gehirn, Magen-Darm, Leber-Galle-Bauchspeicheldrüse, Atemwege, Kopfbereich, Haut, Haare.
Psyche: verbessert geistige Funktionen (Gedächtnis, Konzentration, Sammlung).
Besonderheiten/Tips: Rosmarin ist ungemein vielseitig, sollte jedoch -innerlich-nicht im Übermaß angewandt werden, da dies zu Magen-Darm- und Nierenbe-schwerden führen kann.
Viel in Massageölen bei Rheuma, Arthritis verwendet und ein hervorragend belebender Badezusatz.

Salbei (Salvia officinalis)

Gewonnen aus dem Kraut der Pflanze (2% ätherischer Ölgehalt) durch Wasser-dampfdestillation. Wächst vor allem in Südeuropa und stammt aus der Familie der Lippenblütler.

Aroma: frisch-würzig, stark ausgeprägt.

Hauptwirkungen: antiseptisch, entzündungshemmend, entwässernd, schweißtreibend, entschlackend.

Begleitende Effekte: immunsteigernd, adstringierend, wundheilend.

Zugeordnete Organe: Zahnfleisch, Rachen, Atemwege, Haut, Drüsen, Nervensystem, Lymphe, Kopfbereich.

Psyche: Salbei »belebt die Sinne« und stärkt die Geisteskräfte.

Besonderheiten/Tips: Ein besonderer Inhaltsstoff von Salbei, das Thujon, soll bei Überdosierung Krämpfe und Lähmungen auslösen können. Übertriebene innere Anwendungen sollten also vermieden werden. Schwangere sollten auf jeden Fall gänzlich darauf verzichten.

Bedenkenlos kann Salbei, stark verdünnt, zum Gurgeln und zur Zahnhygiene verwendet werden. Ansonsten bietet sich die Muskatellersalbei als sanfter wirkende Alternative an (siehe unter diesem Stichwort weiter oben).

Sandelholz (Santalum album)

Gewonnen aus dem Holz des Baumes (5% ätherischer Ölgehalt) durch Wasserdampfdestillation. Wächst auf Sri Lanka, Java, den Philippinen, in Indien, Malaysia.

Aroma: warm, balsamisch-süß, mild.

Hauptwirkungen: antiseptisch, entwässernd, schleimlösend.

Begleitende Effekte: entzündungshemmend, aphrodisisch, blähungswidrig.

Zugeordnete Organe: Atemwege (Bronchitis), Rachen, Kehlkopf, Nieren-Blase, Darm, Haut.

Psyche: antidepressiv, spannungslösend, einschlaffördernd.

Besonderheiten/Tips: Anwendung erfolgt vorwiegend äußerlich. Prägte als Duftnote die sprichwörtlich gewordenen »Wohlgerüche Arabiens«.

Schafgarbe (Achillea millefolium)

Gewonnen aus dem Kraut der Pflanze (0,4% ätherischer Ölgehalt) durch Wasserdampfdestillation. Wächst u.a. in Europa, Nordamerika und stammt aus der Familie der Korbblütler.

Aroma: kräftig, krautig.

Hauptwirkungen: antiseptisch, entzündungshemmend, entkrampfend, blutstillend.

Begleitende Effekte: magenstärkend, blähungswidrig, blutreinigend, wundheilend.

Zugeordnete Organe: Magen-Darm, Atemwege, Venen, Leber-Galle, Nieren-Blase, Kopfbereich.
Psyche: fördert Kreativität und Intuition.
Besonderheiten/Tips: Ähnlich breites Anwendungsspektrum wie Kamille.

Tea Tree (Melaleuca alternifolia)

Gewonnen aus den Blättern des Baumes (2% ätherischer Ölgehalt) durch Wasserdampfdestillation. Wächst vor allem in Australien, auf den Westindischen Inseln und stammt aus der Familie der Myrtengewächse.
Aroma: frisch-würzig, intensiv.
Hauptwirkungen: stark antiseptisch (auch gegen Pilze), entzündungshemmend, schweißtreibend.
Begleitende Effekte: wundheilend, immunstärkend.
Zugeordnete Organe: Atemwege, Darm, Haut.
Psyche: verbessert Konzentration.
Besonderheiten/Tips: Zutat zu Erkältungsbädern.
Tea Tree gilt als eine der wirksamsten Stimulanzien des Immunsystems unter den Duftölen.
Tägliches Betupfen von Warzen soll dieselben nach einiger Zeit »mit Sicherheit« zum Verschwinden bringen.
Vorsicht jedoch bei starker Sonneneinwirkung: Tea Tree wirkt hautsensibilisierend.

Thymian (Thymus vulgaris)

Gewonnen aus dem Kraut der Pflanze (3% ätherischer Ölgehalt) durch Wasserdampfdestillation. Wächst in Mittel-, Südeuropa, im Orient, in Nordamerika, Indien und stammt aus der Familie der Lippenblütler.
Aroma: würzig, stark, durchdringend.
Hauptwirkungen: antiseptisch (Pilze, Bakterien), krampflösend, schleimlösend, entwässernd, schweißtreibend.
Begleitende Effekte: appetitanregend, verdauungsfördernd, nervenstärkend, wundheilend, durchblutungsfördernd, aphrodisisch.
Zugeordnete Organe: Nervensystem, Kreislauf, Atemwege, Magen-Darm, Immunsystem, Haut.
Psyche: anregend auf Wachheit, Denken und Gedächtnis.

Besonderheiten/Tips: Bedeutung vor allem als Gewürz.
Eignet sich gut als desinfizierendes Mundwasser und zur Zahnpflege.
Thymian wirkt stark antiseptisch und sollte vorsichtig dosiert werden. Es eignet sich,
ebenfalls sparsam verwendet, gut für die Aromaküche.

Vanille (Vanilla planifolia)

Gewonnen aus den Samen/Schoten der Pflanze (3% ätherischer Ölgehalt) durch
Alkoholextraktion. Wächst in Mittel-, Südamerika, Ostafrika. Madagaskar, im
Fernen Osten und stammt aus der Familie der Orchideengewächse.
Aroma: süß-balsamisch.
Begleitende Effekte: entspannend, aphrodisisch.
Zugeordnete Organe: Nervensystem, Drüsen.
Psyche: ausgleichend.
Besonderheiten/Tips: Verwendung in der »Aroma-Küche«.

Vetiver (Vetiveria zizianoides)

Gewonnen aus der Wurzel der Pflanze (2% ätherischer Ölgehalt) durch Wasser-
dampfdestillation. Wächst in Indien, auf Sri Lanka, Java, Réunion, in Nordamerika
und stammt aus der Familie der Graspflanzen.
Aroma: schwer; waldig-erdig-moosig.
Hauptwirkungen: schweißtreibend, antiseptisch.
Begleitender Effekt: verdauungsfördernd.
Zugeordnete Organe: Nervensystem, Haut, Magen-Darm.
Psyche: beruhigend, antidepressiv.
Besonderheiten/Tips: In der Duftlampe zur Insektenabwehr verwendbar.
Das Öl ist sehr dickflüssig und muß gegebenenfalls portionsweise mit einem Spatel
dem Aufbewahrungsgefäß entnommen werden.

Wacholder (Juniperus communis)

Gewonnen aus Holz und getrockneten Beeren des Strauches (3% ätherischer
Ölgehalt) durch Wasserdampfdestillation. Wächst in Europa, im gesamten
Mittelmeerraum, Nordasien, Amerika und stammt aus der Familie der Zypressenge-
wächse.

Aroma: fruchtig-kraftvoll, durchdringend, pfefferartig.
Hauptwirkungen: antiseptisch, entwässernd, entgiftend.
Begleitende Effekte: entzündungshemmend, immunstärkend, tonisierend, adstringierend, schmerzhemmend.
Zugeordnete Organe: Nieren, Blase, Atemwege, Stoffwechsel, Leber, Darm, Haut.
Psyche: löst Spannungen und ungute Gefühle.
Besonderheiten/Tips: Ein ausgeprägt wirksames Mittel zur Reinigung und Regeneration des Körpers, jedoch nicht ganz unproblematisch.
Sehr gut geeignet zur Desinfektion der Raumluft.
Sollte vorwiegend äußerlich verwendet werden, auf jeden Fall sollte man Wacholder nicht unkontrolliert über längere Zeiträume hin einnehmen (Gefahr von Nierschäden) und kann die Haut reizen (bei vorliegenden Schäden).
Schwangere sollten die Finger von Wacholderöl lassen.

Weihrauch (Boswellia thurifera)

Gewonnen aus dem Harz des Baumes (7% ätherischer Ölgehalt) durch Wasserdampfdestillation. Wächst in Nordafrika, Arabien und stammt aus der Familie der Balsambaumgewächse.
Aroma: würzig-holzig, balsamisch.
Hauptwirkungen: antiseptisch, adstringierend, entwässernd.
Begleitende Effekte: verdauungsfördernd, schleimlösend, wundheilend.
Zugeordnete Organe: Atemwege, Mund-Rachen (Stirnhöhle, Kehlkopf), Nieren-Blase, Haut.
Psyche: sedativ, »emotional beruhigend«.
Besonderheiten/Tips: Weihrauch eignet sich sehr gut zur Meditation.

Ylang-Ylang (Cananga odorata)

Gewonnen aus den Blüten der Pflanze (2% ätherischer Ölgehalt) durch Wasserdampfdestillation. Wächst vor allem in Indien, auf Java, Sumatra, Madagaskar und stammt aus der Familie der Anemonengewächse.
Aroma: sinnlich-süß, blumig, schwer, mandelartig.
Hauptwirkung: entkrampfend.
Begleitende Effekt: aphrodisisch.
Zugeordnete Organe: Haut, Herz und Kreislauf, Nervensystem, Darm.

Psyche: beruhigend, sinnlich berauschend.
Besonderheiten/Tips: Kaum »medizinisch« eingesetzt.
Schwerpunkt: Parfümwirkung und Hautpflege sowie Mischungen mit anderen
Duftnoten.

Ysop (Hyssopus officinalis)

Gewonnen aus dem Kraut der Pflanze (1% ätherischer Ölgehalt) durch Wasser-
dampfdestillation. Wächst in Südfrankreich, Südosteuropa, im Mittelmeerraum und
stammt aus der Familie der Lippenblütler.
Aroma: würzig-süß, kampferartig.
Hauptwirkungen: antiseptisch, entzündungshemmend, schleimlösend.
Begleitende Effekte: verdauungsfördernd, wurmtreibend, entschlackend,
wundheilend.
Zugeordnete Organe: Atemwege, Rachen, Magen-Darm, Nieren-Blase, Haut.
Psyche: euphorisierend; klärt die Gedanken.
Besonderheiten/Tips: Besonders geeignet für »Geistesarbeiter«.

Zeder (Juniperus mexicana, J. virginiana; Cedrus allantica)

Gewonnen aus dem Holz des Baumes (3% ätherischer Ölgehalt) durch Wasser-
dampfdestillation. Wächst im Mittelmeerraum, Amerika und stammt aus der Familie
der Kieferngewächse.
Aroma: weich, holzig-warm.
Hauptwirkung: schleimlösend.
Begleitende Effekt: entzündungshemmend.
Zugeordnete Organe: Atemwege, Nieren-Blase, Haut.
Psyche: beruhigend, wärmend.
Besonderheiten/Tips: Gut zur Insektenabwehr (Kleiderschrank, Duftlampe).
In Cremes, Lotionen, Massageölen ein vorzügliches Mittel zur Hautpflege.

Zimt (Cinnamomum ceylanicum)

Gewonnen vornehmlich aus den Blättern und der Rinde der Pflanze (1,25% ätherischer Ölgehalt) durch Wasserdampfdestillation. Wächst auf Sri Lanka, China, in Ostindien, Südamerika und stammt aus der Familie der Lorbeergewächse.

Aroma: warm, würzig.

Hauptwirkungen: krampflösend, antiseptisch.

Begleitende Effekte: adstringierend, verdauungsfördernd, blähungswidrig, durchblutungsfördernd, blutstillend.

Zugeordnete Organe: Mund, Rachen, Magen-Darm, Muskeln, Haut.

Psyche: wärmend, entspannend.

Besonderheiten/Tips: Es gibt Duftöle, die sowohl aus den Blättern (Cinamonium cassia) als auch aus der Rinde (Cinamonium Ceylanicum) der Pflanze gewonnen werden. Letztere sind in der Wirkung intensiver und erfreuen sich größerer Wertschätzung, vor allem, wenn sie aus Sri Lanka stammen.
Zimt eignet sich zur Insektenabwehr.

Zirbelkiefer (Pinus cembra)

Gewonnen aus den Nadeln des Baumes (1% ätherischer Ölgehalt) durch Wasserdampfdestillation. Wächst im Alpenraum, in asiatischen Gebirgen und stammt aus der Familie der Kieferngewächse.

Aroma: würzig-herb.

Hauptwirkungen: antiseptisch, schleimlösend.

Begleitende Effekte: tonisierend, durchblutungsfördernd, schmerzlindernd.

Zugeordnete Organe: Atemwege (Bronchien, Nebenhöhlen), Muskeln.

Besonderheiten/Tips: Gut geeignet zur Luftreinigung.
Als Massageöl entspannend und stärkend für die Muskeln.

Zitrone (Citrus limonum)

Gewonnen aus der äußeren Schale der Frucht (1,5% ätherischer Ölgehalt) durch Kaltpressung. Wächst im Mittelmeerraum, in Indien, Süd-, Mittelamerika und stammt aus der Familie der Rautengewächse.

Aroma: frisch-spritzig.

Hauptwirkungen: antiseptisch, entschlackend.

Begleitende Effekte: immunsteigernd, fiebersenkend, blutstillend.
Zugeordnete Organe: Atemwege, Leber-Galle, Verdauung, Venen, Nieren-Blase.
Psyche: mindert Gefühle der Bedrückung.
Besonderheiten/Tips: Sorgt für frische Atemluft (Duftlampe).

Zypresse (Cupressus sempervirens)

Gewonnen aus den Früchten (Zapfen) und Zweigspitzen des Baumes (1%
ätherischer Ölgehalt) durch Wasserdampfdestillation. Wächst in Mittel-, Südeuropa.
Aroma: warm-herb, holzig-rauchig, trocken.
Hauptwirkungen: krampflösend, entwässernd, antiseptisch.
Begleitende Effekte: adstringierend, schweißhemmend.
Zugeordnete Organe: Gefäße (Venen), Verdauungsapparat, Atemwege (Mund,
Rachen), Haut, Menstruation.
Psyche: löst nervöse Anspannung.

Anregungen zum Umgang mit Duftölen

Verwendung in der Duftlampe

Meditation

Vorweg eine kleine »Kurzanleitung«: entspannt an einem ruhigen Ort sitzen, am besten auf einer festen Unterlage auf dem Boden, mit gekreuzten Beinen. Die Augen schließen und tief durch die Nase atmen. Unsere Aufmerksamkeit sollte voll auf den Körper gerichtet sein, die Wege des Atems verfolgen, das Heben und Senken des Bauches. Besorgnisse und Ängste müssen »sanft, aber entschieden beiseitegedrängt« werden, beispielsweise durch das Zählen der Atemzüge in einem Rhythmus von 1 bis 10 und wieder von vorne. Dauer einer solchen Sitzung: etwa eine Viertelstunde.

* Eine gute Atmosphäre zu »Selbstversenkung«, für gedankenverlorenes Da-Seins schaffen z.B.:

Benzoe

Weihrauch

Neroli

Jasmin

Rosenholz

* Anregung, Stärkung der Gehirnfunktionen bieten:

Pfefferminze

Basilikum

Rosmarin

Schwarzer Pfeffer

Zitrone

Grapefruit

* Weltschmerz, Sinnfragen begleiten besänftigend:

Sandelholz

Weihrauch

Benzoe

Grapefruit

Muskatellersalbei

Rose

* Sinnesfreuden erschließen:

Ylang-Ylang

Sandelholz

Jasmin

Neroli

Patchouli

Muskatellersalbei

Nelken

* Hilfe fürs Immunsystem bringen (nach Valnet):

Fichtennadel

Thymian

Pfefferminze

Lavendel

Zitrone

Rosmarin

Zimt

Eukalyptus

Duftöle zur Massage

Duftöl-Praxis: Massageöl zur Entspannung

Trägersubstanz: z.B. Mandelöl (90 ml), ergänzt ggf. durch Weizenkeimöl (10 ml). Entspannende Ingredienzen:

Lavendel (8 Tropfen)

Basilikum (4 Tropfen)

Sandelholz (6 Tropfen)

Geranium (6 Tropfen)

Duftöl-Praxis: Massageöl zur Belebung und Steigerung der Durchblutung

Anregende Ingredienzen sind:

Thymian (4 Tropfen)

Bergamotte (10 Tropfen)

Rosmarin (4 Tropfen)

Zitrone (8 Tropfen)

Duftöl-Praxis: Massageöl zur Stärkung der Lebenskräfte

Aufbauende Ingredienzen sind:

Zirbelkiefer (8 Tropfen)

Zeder (10 Tropfen)

Zitrone (10 Tropfen)

Duftöle als Badezusätze

Hierbei ist es sinnvoll bzw. notwendig, die Duftöle vorweg in einem natürlichen »Emulgator« zu lösen. Beispielsweise in etwas Honig oder Sahne. Dieses Gemisch wird dann ins heiß-warme Badewasser gegeben.

Balsam fürs Nervenkostüm

Lavendel (3 Tropfen)

Petitgrain (3 Tropfen)

Narde (1 Tropfen)

Erleichterung für Verschnupfte

Zirbelkiefer (3 Tropfen)

Cajeput (2 Tropfen)

Eukalyptus (5 Tropfen)

Elan für aktive Stunden

Rosmarin (5 Tropfen)

Benzoe (3 Tropfen)

Zitrone (2 Tropfen)

Ein »Ticket« für erholsamen Schlaf

Lavendel (5 Tropfen)

Kamille (3 Tropfen)

Neroli (2 Tropfen)

Pflege für Haut & Haare

Duftöl-Praxis: ein angenehm duftendes und mild pflegendes Körperöl läßt sich zusammenstellen aus einer Trägersubstanz (z.B. Mandelöl, 50 ml), dem etwas Weizenkeimöl (ca. 5 ml) beigegeben wird sowie

Jasmin (20 Tropfen)

67

Neroli (20 Tropfen)

Angelika (5 Tropfen)

Zahlreiche weitere pflegende Kombinationen aus Trägersubstanzen (Jojobaöl, Nachtkerzenöl u.a.) und ätherischen Ölen sind möglich. Orientieren Sie sich dabei an den Beschreibungen der einzelnen Duftöle.

Duftöl-Praxis: Haar-Spülungen lassen sich durchführen, indem man beispielsweise zu reichlich warmem Wasser 3 bis 5 Tropfen ätherische Öle hinzugibt, etwa:

Rosmarin

Sandelholz

Geranium

Kamille

Das Ganze wird dann kräftig durchgeschüttelt, und die Haare nach dem Waschen damit gespült.

Aromaküche

Bei einigen Duftölen ist die enge Verwandtschaft zu den Gewürzen offenbar: z.B. bei Majoran, Thymian, Oregano, Rosmarin, Muskatnuß, Kardamom, Anis.

Hier bieten sich durch die Duftöle neue, höchst intensive und reichhaltige Geschmackserlebnisse, und zwar rund ums Jahr. Ätherische Öle verleihen den Speisen ausgesprochen kräftige Duftimpulse, sind eine Bereicherung für die gesunde Feinschmeckerküche.

Wie die ätherischen Öle dabei konkret angewendet werden, orientiert sich an den persönlichen Vorlieben. Sowohl warme wie kalte Gerichte

(Frischkost) als auch Gebäck können davon profitieren. Die Duftöle -dies ein abschließender Tip- lösen sich besonders gut natürlich in Speiseölen, die dann als würzende Zutat verwendet werden können. Oder man vermischt sie mit Sahne beziehungsweise mit Butter.

Bibliographie (Auswahl)

Davis, Patricia: **Aromatherapie von A-Z**. Knaur Verlag, München.

Jackson, Judith: **Aromatherapie**. Knaur Verlag, München.

Keller, Erich: **Das Handbuch der ätherischen Öle**. Goldmann Verlag, München.

Kraus, Michael: **Ätherische Öle für Körper, Geist und Seele**. Verlag Simon & Wahl, Gaimersheim.

Ryman, Daniele: **Handbuch der Aromatherapie**. Heyne Verlag, München.

Schutt, Karin: **Aromatherapie**. Falken-Verlag, Niedernhausen.

Stead, Christine: **Aroma-Therapie**. Econ Verlag, Düsseldorf.

Tisserand, Robert B.: **Aroma-Therapie**. Verlag Hermann Bauer, Freiburg.

Valnet, Jean: **Aromatherapie**. Heyne Verlag, München.

Journal für gesundes Leben

© Verlag Norbert Messing • Postfach 12 17 • 76663 Bad Schönborn
Telefon (0 72 53) 37 18 · Telefax (0 72 53) 3 39 55

Zwei »Geheimrezepturen« der Natur!

Wer glaubt, er weiß genug über Vitamin C – der irrt!

Das praktische „Handbuch vom Vitamin C" zeigt Ihnen, wie Sie die geradezu wundersame dreifache Wirkung des Stoffes konkret und sofort für Ihr Wohlergehen nutzen können, wie Sie nämlich **Ihr Immunsystem nachhaltig kräftigen** (z.B. gegen innere Feinde wie Krebszellen oder äußere Eindringlinge wie Bakterien oder Viren), **sich vor gefährlichen Schadstoffen schützen und jugendliche Frische** auch in späteren Lebensjahren bewahren und Ihre geistige und körperliche Spannkraft und Flexibilität zuverlässig erhalten können.

Das praktische Handbuch vom Vitamin C

Norbert Messing

Das Immunsystem nachhaltig kräftigen
Sich vor gefährlichen Schadstoffen wirksam schützen
Geistige und körperliche Spannkraft und Flexibilität zuverlässig erhalten

Verlag Ganzheitliche Gesundheit

80 Seiten, DM 15,—

Handbuch vom Vitamin C

Informieren Sie sich näher darüber in unserem neuen, spannend geschriebenen Ratgeber. Lernen Sie ein wirksames, hilfreiches Prinzip der Natur kennen: Die Chance, Ihren Stoffwechsel zu „ökonomisieren" und dadurch an Widerstandskraft spürbar zu gewinnen.

Norbert Messing

Die Praxis der Entschlackung

• Harmonische Gewichtsreduktion
• Empfindung des Zell-Milieus
• Immunstimulation
• Revitalisierung elementarer Lebensfunktionen

Bücher für ein besseres Leben

VERLAG GANZHEITLICHE GESUNDHEIT

Praxis der Entschlackung

Das neue Buch behandelt ganz zentrale Fragen:

● Wie reinigen wir das Zellgewebe des Organismus und erlauben einen ungestörten Nähr- und Wirkstofftransport sowie gesunde Organfunktionen?

● Wie schaffen wir aktiv jene unerhört wichtigen Voraussetzungen, die es unserem Immunsystem erlauben, seine vielfältigen Schutzfunktionen wirkungsvoll zu entfalten?

80 Seiten, DM 15,—

Einiges aus dem Inhalt: Die wichtigsten Entschlackungstips. **Säfte, Kräuter, Wildpflanzen,** Heilkräuter und ihre Wirkungen, **Säure-Basen-Haushalt.** Die Bedeutung des **Chlorophylls,** Säfte-Cocktails für besondere Lebens- und Problemlagen. **Tagesprogramme** für Entschlackungskuren ... und vieles andere mehr.

Ernährung – Generalschlüssel zu den »Schatzkammern der Gesundheit«!

NORBERT MESSING

Heilen mit Bierhefe

Die Wiederentdeckung einer alten Volksarznei

64 Seiten, DM 15,—

Bereits in 5. Auflage:

Heilen mit Bierhefe

Wunderlebewesen und Wirkstoffmulti der Natur hat man sie genannt: die Bierhefe. Aus ihrem

● Reichtum an lebenswichtigen Inhaltsstoffen

erklärt es sich, warum diese Natursubstanz so vielfältige Wirkungen entfaltet, so z.B.

● als bedeutender Träger von Schutzfaktoren gegen Umweltgifte und

● bei Gefäßerkrankungen (Herz, Durchblutung), Diabetes, Leberkrankheiten, Hautproblemen und sogar bei Krebs.
Das Buch ist die einzige zusammenhängende Darstellung zum Thema und erschien inzwischen auch in italienischer, französischer und spanischer Sprache.

3. und erweiterte Auflage 1993:

Geistig jungbleiben

Ein bekannter Ganzheitsmediziner offenbart hier das Geheimnis

● anhaltender »geistiger Jugend«

und zeigt, wie

● Gedächtnis, Konzentration und Intelligenz dauerhaft erhalten bzw. gestärkt werden können.

Als wahre Lebenselexiere für das Nervensystem erweisen sich dabei natürliche Wirkstoffkomplexe, die auch das wirksamste Mittel darstellen, um schweren Formen der Hirnleistungsstörungen vorzubeugen (Demenz, Alzheimer Krankheit).

Dr. med. Walter Schultz-Friese
Norbert Messing

Geistig jungbleiben bis ins hohe Alter

Ärztlicher Rat bei Gedächtnisschwäche, Alzheimer Krankheit, Intelligenzeinbuße und anderen Hirnleistungsstörungen

Ein Leitfaden zur Stärkung der geistigen Leistungsfähigkeit durch natürliche Wirkstoffkomplexe

Verlag Ganzheitliche Gesundheit

88 Seiten, DM 16,50

Bereits in 5. Auflage:

Praktische Ernährungsmedizin

NORBERT MESSING

Praktische Ernährungsmedizin

bei Arteriosklerose, Diabetes und anderen Zivilisationskrankheiten

88 Seiten, DM 16,50

Es gibt seit langem Beweise dafür, daß

● Herzinfarkt/Arteriosklerose

● Krebs

● Diabetes und andere Stoffwechselleiden

● sogenannte Alterserscheinungen

durch hochwertige natürliche Nahrungssubstanzen vermeidbar, beeinflußbar, ja in vielen Fällen <u>heilbar</u> sind!
Wie Sie dieses Wissen nutzbar machen können, erfahren Sie aus dem Ratgeber »Praktische Ernährungsmedizin«.

Von »Wunder-Lebewesen« und »Zauberpilzen«

Wußten Sie, daß wir im Verdauungssystem ganze Streitmächte von Kleinlebewesen (z.B. Milchsäurebakterien) über unsere Gesundheit wachen lassen und dadurch gefährliche Keime in Schach halten können?

Wußten Sie, daß die sog. chronischen Zivilisationskrankheiten in einem abwehrstarken Organismus praktisch keine Chance haben, und daß Mikroorganismen bei einer solchen »Immunisierung« eine wichtige Rolle zu spielen vermögen?

Wußten Sie, daß im alten Ägypten das Weltwunder der Pyramiden nur mit Hilfe einer bis heute unübertroffenen Hochleistungsdiät vollbracht werden konnte, und daß dies ohne die tätige Mitwirkung von Kleinorganismen – z.B. Hefen – undenkbar gewesen wäre?

Das vorliegende Buch macht deutlich, daß bis zum heutigen Tag nur ein Bruchteil des angesammelten ernährungsmedizinischen Wissens vom Verbraucher wirklich auch genutzt wird. Und genau diese Erkenntnisse sind es, die uns ein langes Leben in andauernder Gesundheit schenken könnten. Und nicht zuletzt: die Neuerscheinung gibt viele praktische Hinweise, wie wir es zukünftig besser machen können.

150 Seiten, DM 19,80

Bücher für ein besseres Leben

Wegweiser zur Naturmedizin
- Wie finde ich einen Ganzheitstherapeuten?
- Die erfolgreichsten „Außenseiter"-Therapien
- Patientenselbsthilfe bei Zivilisationsleiden
- Vereine und Initiativen der Naturmedizin
- Bücherschau zu Bio-Therapien und Krankheitsbildern

  1. Auflage 1992, 160 Seiten, DM 16,—

Bio-Kliniken & Kur

- Vorstellung von 300 Ganzheitskliniken und Kurheimen mit Heilanzeigen, biologischen Therapien und Kostformen
- Lexikon naturmedizinischer Fachbegriffe
- Porträts der besten Kurkonzepte (Kneipp, Schroth, Felke, Aslan u. a.)
- Situation der Kostenerstattung

  3. Auflage Oktober 1993, 180 Seiten, DM 22,—

Das Gesundheits-Adreßbuch
Anlaufstellen und Informationen zu
- Zivilisationskrankheiten (u. a. Allergien, Krebs, Rheuma, Herz & Kreislauf ...)
- allen heißdiskutierten Gesundheitsfragen (Ernährung, Naturheilkunde, Patientenschutz, Umwelt und Gesundheit, Gentechnologie, Radioaktivität, „Erdstrahlen" und vieles andere mehr)

  128 Seiten, DM 14,80

Verlag Ganzheitliche Gesundheit
Norbert Messing
Postfach 12 17 · 76663 Bad Schönborn
Telefon (0 72 53) 37 18 · Telefax (0 72 53) 3 39 55
— Eine Bestellkarte ist beigefügt —